MW01226735

LUN YU

Confucio
(Maestro Kong)

LUN YU

Reflexiones y enseñanzas

Traducción del chino, introducción y notas
de Anne-Hélène Suárez Girard

editorial Kairós

Numancia, 117-121
08029 Barcelona

© 1997 by Anne-Hélène Suárez Girard
© de la edición en castellano:
    1997 by Editorial Kairós, S.A.

Primera edición: Noviembre 1997
ISBN-10: 84-7245-366-9
ISBN-13: 978-84-7245-366-1
Depósito legal:B.47886-2009

Fotocomposición: Beluga y Mleka, s.c.p. Córcega, 267. 08008 Barcelona
Impresión: www.publidisa.com

à Guy Gagnon

INTRODUCCIÓN

El objeto de esta introducción es presentar al Maestro Kong (Confucio, según la latinización hecha por los jesuitas del siglo XVII); no el posterior confucianismo, dogmático y cambiante a tenor de las épocas y de las veleidosas necesidades del poder; ni su influencia, cuya magnitud y profundidad exceden tanto al personaje como a la breve recopilación de retazos, destellos y atisbos de su pensamiento que constituye el *Lun yu*.

Es preciso empezar por una sucinta presentación de su época, el período Primaveras y Otoños[1] (722-481 a. de C.), así llamado por el título homónimo de la crónica que lo abarca. La dinastía reinante era la de los Zhou (1122?-222 a. de C.). Los primeros Zhou, originarios del actual Shaanxi, habían sido vasallos de los Shang-Yin (1766?-1122?). Desde el punto de vista de éstos, eran semibárbaros, ya que estaban en estrecho contacto con las poblaciones nómadas del noroeste. A ello se atribuye su carácter belicoso y su superioridad militar sobre los Shang-Yin, otrora admirados por el esplendor y el refinamiento de su civilización, pero entonces en profunda decadencia. El rey Wen ("el Ilustrado") inició la marcha contra la dinastía dominante. A su muerte, uno de sus hijos,

---

1. *Chun qiu.* Las principales ceremonias del año se celebraban en primavera y en otoño. Por extensión la expresión "primavera-otoño" pasó a significar "tiempo" y "año". De ahí el título de las anales de Lu y de muchas otras que lo imitaron, hasta tal punto que *chun qiu* tomó el significado de "crónica". Las *Primaveras y otoños* de Lu abarcan el período que va desde 722 hasta 479 a. de C., año de la muerte de Confucio.

el rey Wu ("el Guerrero") tomó el mando de sus hombres, derrocó al último soberano Shang-Yin, Zhouxin ("el Sufrido"), que pasaría a la historia como un tirano degenerado, y fundó la dinastía real de los Zhou. Poco después, el rey Wu murió y, dada la juventud de su heredero, Cheng ("el Cumplido"), ejerció la regencia un hermano del rey Wu, el duque de Zhou. Valga esta pequeña relación para presentar a algunos de los personajes a los que Confucio se referiría, siglos después, idealizándolos, como ejemplo de espléndida civilización (sobre todo al duque de Zhou).

Esta edad de oro corresponde a los inicios del período conocido como de los Zhou Occidentales (*xi zhou*), que llega hasta 771 a. de C. Pero ya en el siglo IX a. de C. se había inicia-

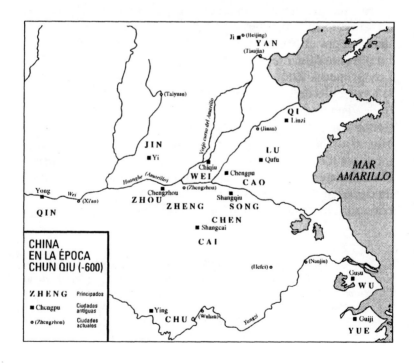

do la decadencia de la dinastía que desembocó, en un primer tiempo, en el traslado de la capital hacia el sur, en el actual Henan, a causa de los ataques de los bárbaros del noroeste. Comienza así, en 771 a. de C., el período de los Zhou orientales (*dong zhou*) que abarca dos fases: Primaveras y Otoños, hasta 481 y Señoríos Guerreros, a partir de 453. Los Zhou orientales, con poder nominal, duran oficialmente hasta el año 221 a. de C., en que Wang Zheng del antiguo ducado de Qin funda el primer imperio de la historia de China y toma el nombre de Shi Huangdi (Primer Emperador). En realidad, los reyes Zhou habían perdido su poder siglos antes y, en la época Primaveras y Otoños, ya habían quedado relegados y olvidados en su territorio real, minúsculo en relación con los numerosos ducados que lo rodeaban, algunos muy extensos y poderosos: Lu (patria de Confucio), Qi, Jin, Qin, Chu, Song, Wei, Chen, Cai, Cao, Zheng y Yan.

Tradicional e idealmente, el rey (*wang*) era depositario de la virtud (*de*) del cielo (*tian*) y de su mandato (*ming* o *tian ming*). Recibía, por ello, el nombre de "hijo del cielo" (*tian zi*), y su poder era tanto político como religioso: era un santo (*sheng*). El papel sacerdotal del rey proviene sin duda del primitivo chamanismo que, en época de Confucio, perduraba sobre todo en el sur. El cielo, por su mera virtud, hacía que se sucedieran las cuatro estaciones; que alternaran los días con las noches; que brillaran los astros o se oscurecieran; que el tiempo fluyera; que los seres nacieran; vivieran y murieran; y todo en el universo siguiera su curso en concierto y armonía. Del mismo modo su hijo, el rey, transmitía esa eficacia celeste a cuanto había "bajo el cielo" (*tian xia*), es decir al mundo según se concebía entonces: el mundo de civilización china. El cielo era imaginado como una bóveda apoyada sobre la tierra, que era plana y cuadrada. La bóveda celeste, al ser circular, dejaba los ángulos terrestres marginados y desamparados: eran territorios ignotos, habitados por seres incomprensibles e incultos; los bárbaros más abyectos, que no recibían los benéficos efectos de la virtud del cielo, puesto que no se hallaban bajo la influencia de su transmisor directo, el rey. En cambio, *bajo el cielo*, el mundo estaba civilizado y armoniosamente ordenado: en su centro, el rey, su corte y su territorio; alrededor del territorio real, los señoríos centrales (*zhong guo*, nombre que sigue dándose a China en la actualidad, aunque traducido en singular desde el imperio: "país del centro") o superiores (*shang guo*), que eran también los más antiguos y los de vínculo más directo con la realeza; y, en torno a éstos, los señoríos periféricos, considerados inferiores por ser más recientes, por hallarse más alejados de la fuente de virtud y civilización, y tener más influencia bárbara.

El hijo del cielo, como tal, debía seguir la vía celeste (*tian dao*), consistente en animar cuanto hay bajo el cielo y hacer que reinara el orden, infundiendo virtud al mundo, pero sin ejercer (*wu wei*) acción ni violencia alguna en su administración (para eso contaba con la ayuda y el consejo de sus vasallos), "majestuosamente, sentado de cara al sur, eso es todo" (XV-4). Obedecía el *mandato celeste* de forma totalmente desinteresada e imparcial: era impersonal como el cielo. Si el hijo-rey no se apartaba de la vía (*dao*) de su padre-cielo, todo seguía espontáneamente su curso normal; la virtud civilizadora del soberano se irradiaba por doquier, hasta el punto en que incluso las poblaciones más atrasadas de los rincones más remotos de la tierra acudían y se sometían gustosas a su influencia, bajo la que reinaban el equilibrio y la prosperidad: "Quien gobierna por su virtud es como la Estrella Polar, que permanece en su sitio mientras los demás astros giran en torno a ella", dice Confucio (II-1). Las leyes, la guerra, los castigos y la violencia se vuelven innecesarios, ya que el pueblo, como todo lo demás, se ordena de motu propio. En cambio, si demuestra ser un hijo indigno del cielo, si se *desvía*, aparecen el desorden, la barbarie, el descontento y la sedición, además de algún cataclismo: el rey ha perdido el mandato celeste y puede verse sustituido por otro soberano, o ser su dinastía reemplazada por otra. Por lo demás, si el rey siente la *dotación* de virtud que le confiere el mandato celeste declinar con la edad o la enfermedad, debe mostrarse deferente (*rang*) y no aferrarse al poder, cediéndolo a su hijo o eligiendo a un hombre digno de convertirse en su sucesor, según las épocas. Los soberanos míticos Yao, Shun y Yu, a los que el Maestro Kong se refiere repetidas veces, constituyen el ejemplo edificativo de rey ideal, según los describen la tradición y las antiguas escrituras. Por su acción reguladora, el soberano "perpetúa las enseñanzas benéficas de los Héroes civilizadores (o sea Yao, Shun y Yu). No posee la autoridad de un jefe de estado. Tiene la Eficacia de un santo. Es una potencia de animación. Carece de poder personal alguno. No interviene, no gobierna. Su santidad irradia la cohesión propia de cierto mundo feudal"[2].

Por debajo del rey-santo, se encontraba el resto de los seres, humanos o no. El grado superior de la jerarquía, lo constituían los señores (*jun* o *zhu hou*: literalmente, "los arqueros", ya que se distinguían por su habilidad en el tiro al arco), que habían recibido del soberano unos feudos de carácter hereditario. Al igual que el rey, el señor tenía en su territorio un poder político y religioso, y presidía por tanto los cultos locales y las ceremonias de ofrenda a sus propios antepasados. La categoría más alta de las cinco que distinguían a los señores era la de *gong*, que se suele traducir por "duque", si bien, cualquiera que fuera la categoría aristocrática del señor, éste era llamado *gong* en sus dominios; y su señorío, aunque fuera reciente, periférico y de origen bárbaro, formaba parte de los ducados chinos, hecho que lo obligaba a participar en

2. Granet, *La féodalité chinoise*, pág. 117.

13

las empresas de ampliación o de conservación de lo que había *bajo el cielo* y a defender el territorio real. Tenía, además, que acudir periódicamente a la capital para honrar al rey, para tomar conocimiento del calendario establecido por éste, así como para "recibir de cerca su santa influencia y aprender, bajo su control, a practicar los ritos que apartan al hombre de la barbarie"[3]. De este modo, si la virtud del cielo anima el universo, y la del rey anima el mundo que bajo el cielo se encuentra, la del señor anima su propio señorío. Si la virtud se mantiene íntegra, si el señor la cultiva permaneciendo en la *vía*, el señorío prospera y se desarrolla saludable; si no, decae indefectiblemente, presa de invasiones, traiciones, sublevaciones y cataclismos.

Además de los señores, y por debajo de éstos en la jerarquía, se encontraban otras tres categorías nobles: los *qing*, los *tai fu* y, más abajo, los *shi*, traducidas convencional y respectivamente como "dignatarios" (o "grandes ministros"), "grandes oficiales" y "oficiales" o "letrados". Eran vasallos o súbditos (*chen*) del señor (*jun*) a cuyo servicio se encontraban, si bien recibían el nombre de *jun zi* (literalmente, "hijos de señor"; en la traducción, "hijosdalgo"), que los distinguía de los *xiao ren* ("villanos").

Los dignatarios y los grandes oficiales poseían sus propios dominios o "casas" (*jia*), que recibían de su señor; podían por tanto hacer vida en la corte señorial (los *qing*) o, en sus feudos (los *dai fu*). En cuanto a los letrados, que constituían la categoría inferior de la nobleza por pertenecer a ramas secundarias, se hallaban al servicio del señor o al de los dignatarios y grandes oficiales; y recibían de ellos una retribución (*lu*) en cereales, así como el privilegio de vivir en su corte, como preceptores y expertos en ritos; o en sus posesiones, por

3. *ib.*, pág. 125.

ejemplo en calidad de intendentes. Estas categorías inferiores de la nobleza formaban el consejo del señor; se ocupaban de la administración del patrimonio señorial; asesoraban en calidad de expertos en, ceremonias y usos cortesanos; se encargaban de la educación de los jóvenes, enseñándoles las *seis artes*[4] propias de la nobleza. Al igual que el rey debía su cualidad al cielo, y el señor debía su cualidad al rey, los nobles debían su nobleza al señor por participación de su virtud.

Estas clases superiores se caracterizaban, además, por tener un apellido (*xing*) que, según la tradición, otorgaba el rey, igual que otorgaba los señoríos. El apellido era, pues, sinónimo de un patrimonio sagrado de virtud, dignidad, prestigio y fortuna que transmitían los ascendientes. De ahí la primordial importancia del culto a los antepasados: tratados con el debido decoro, alimentados con ofrendas, consultados respetuosamente mediante la adivinación antes de tomar grandes decisiones, se mantenía intacta la eficacia del descendiente, ya fuera rey, señor o noble, feudado o no. Los antepasados del rey, en relación directa con el cielo, hacían que las cuatro estaciones transcurrieran o no como es debido; los del señor influían para bien o para mal en la fecundidad y prosperidad de sus tierras, en la integridad y el entusiasmo de sus gentes, etc.: en definitiva, el patrimonio podía perdurar, crecer, menguar o verse aniquilado en función del culto a los antepasados, que constituían el principio de virtud del descendiente.

Los plebeyos (*shu ren*) o villanos (*xiao ren*) constituían una masa anónima formada básicamente por campesinos, artesanos y comerciantes, siendo éstos los de categoría inferior y los más despreciados por vivir del provecho. Los campesinos cultivaban las tierras del señorío que les estaban destinadas y las tierras "públicas" (*gong tian*), cuyo producto corres-

---

4. *Liu yi*: los ritos, la música, el tiro al arco, la conducción de carro, la escritura y las matemáticas.

pondía al señor. Además, proporcionaban mano de obra y soldadesca de a pie; excavaban y nivelaban los terrenos de cultivo; erigían las murallas de las ciudades y sus edificios; construían canales y vías y, en tiempos de guerra, constituían la infantería junto a los carros de los nobles. En definitiva, eran los instrumentos necesarios para llevar a cabo lo que la virtud de su señor producía. Éste era, por tanto, su dador de vida, y se le debía el respeto y la obediencia que se deben a un padre.

Así era, muy esquematizada, la sociedad considerada ideal en la antigüedad. En este contexto, resulta comprensible la importancia de la piedad filial (*xiao*), ya que el amor y el respeto hacia los padres, en el interior de una familia, representaban en pequeña escala el amor y el respeto que la gente debía al señor, luego al rey, luego al cielo, para que la virtud de éste se difundiera armoniosa y equilibradamente.

Pero el poder que habían adquirido los grandes señoríos merced a su carácter hereditario, a su amplitud, a sus complejas alianzas para enfrentarse a los ataques de poblaciones bárbaras y anexionar los territorios vecinos, al debilitamiento de la casa real y la consiguiente reducción de sus dominios, habían dado al traste con la cohesión del sistema y con el papel conciliador del monarca, aumentando en proporción el desequilibrio, el caos y las rivalidades. "La preponderancia de los factores militares en una sociedad cuyos fundamentos eran de orden religioso y ritual alteraría la naturaleza de ésta"[5]. Los duques se arrogaron privilegios reales en sus propios señoríos y, más tarde, las principales familias de dignatarios y grandes oficiales usurparon el poder y las prerrogativas ducales, rodeándose de una clientela que, a su vez, fue adquiriendo influencia. En Lu, por ejemplo, en época de

5. Gernet, pág. 60.

Confucio, el duque había quedado relegado a un papel meramente nominal por las casas Meng, Shu y Ji (sobre todo esta última), que se habían arrogado el poder efectivo.

Ya nadie pensaba en dar prosperidad al señorío mediante la infusión de virtud; más bien preponderaban la ambición de las grandes familias, el afán de lucro y de dominio, la necesidad de personas y métodos eficaces para esos fines y, en consecuencia, el despilfarro de recursos y el agotamiento del pueblo, abrumado por la imposición de obras públicas y de tributos, diezmado por incesantes guerras e incursiones.

En ese ámbito, un letrado (*shi*) como Confucio, difícilmente encontraría empleo y ocasión de desplegar su sabiduría y su talento en una corte ilustrada. Según Feng Youlan, la posterior aparición de las escuelas filosóficas chinas (confucianismo, moísmo, escuela del Yin-yang, escuela de los nombres, legismo, taoísmo, etc.) tuvo su origen en la enseñanza privada, y Confucio fue el primer maestro particular, el primero en impartir sus enseñanzas, no ya sólo a los jóvenes nobles, sino a todo aquél que mostrara buena voluntad y afán de aprendizaje: "Nunca he denegado mis enseñanzas, siempre que se haya venido [a mí] espontáneamente, [aunque no se me haya ofrecido por ello más que] un atado de cecina" (VII-7), dijo el Maestro Kong, y también: "Enseño, no discrimino" (XV-38).

Veamos ahora el personaje. El historiador Sima Qian (145-85 a. de C.), en su *Shi ji* o "Crónica de la historia", narra la biografía más antigua que se conoce de Confucio. Su carácter hagiográfico y su contenido en anécdotas más o menos inverosímiles o contradictorias la hacen poco fiable; sin embargo, es la fuente de todas las demás.

Así, según Sima Qian, el Maestro Kong nació en 551 antes de Cristo (un año después de Buda) y murió en 479 (ocho años antes del nacimiento de Sócrates). Era originario de la ciudad de Zou, del ducado de Lu, uno de los *señoríos centrales*. Recibió el nombre privado[6] de Qiu y, más tarde, el nombre público de Zhongni. Se le supone un origen noble, emparentándolo remotamente con la casa real de la dinastía Shang-Yin, si bien, según se desprende del texto del *Lun yu*, sus primeros años fueron de pobreza, hecho que agudizó sus ansias de aprendizaje: "Tuve una infancia humilde, por eso tengo tantas habilidades artesanas. ¿Ha de tener tantas el hidalgo? Ciertamente no" (IX-6). Cuenta Sima Qian que, cuando Kong Zhongni alcanzó la edad de diecisiete años, un gran oficial de Lu, el señor Meng Xi[7], lo nombró Maestro de su hijo Meng Yi. Ya adulto, entró al servicio de la casa Ji[8] como secretario o escribano. Se dice que, en esa época, medía nueve pies y seis pulgadas, o sea algo más de dos metros, y poseía una fuerza física notable. Se cuenta también que, en el transcurso de uno de sus numerosos viajes, conoció al Maestro Lao (Laozi o Lao-tsé); encuentro altamente improbable, ya que, si bien se ignora todo del "padre del taoísmo", los estudios actuales coinciden en situarlo (o en situar el libro que se le atribuye, el *Dao de jing*) después de Mencio (372-289 a. de C.) y antes de Xunzi (315?-238? a. de C.)[9].

A los treinta años, el Maestro Kong tenía ya numerosos discípulos y era consultado por grandes hombres. Más ade-

---

6. El nombre privado (*ming*) se daba al niño al nacer y se empleaba durante la infancia. En la pubertad, se le daba un nombre público (*zi*), cuyo significado solía guardar relación con el del *ming*. A partir de ese momento, sólo podrían emplear el nombre privado los padres y mayores más allegados (ver XIV-34, en que un personaje llama a Confucio Qiu, que es su nombre privado, demostrando así gran familiaridad o falta de respeto). Sobre los significados de Qiu y Zhongni, ver *Maestro Kong* en las notas de la traducción.
7. Meng Xi: jefe de la casa Meng, una de las tres casas que dominaban la vida política de Lu. Ver nota de la traducción *Tres casas*.
8. Casa Ji: Ver nota de la traducción *Tres casas*.
9. Ver Izutsu, primer capítulo del segundo volumen.

lante, el ducado de Lu se sumió en el caos, y Kong Zhongni se instaló en el vecino Qi, cuyo duque lo tuvo en alta estima. Sin embargo, a los cuarenta y dos años, víctima de intrigas, tuvo que volver a Lu. Según Sima Qian, sólo a la edad de cincuenta y seis años fue nombrado consejero del duque Ding. Su eficacia fue tal que, en poco tiempo, reinaron en Lu el orden y la armonía, hasta el punto en que los habitantes del poderoso ducado de Qi temieron que su vecino obtuviera la hegemonía y acabara anexionándolo. Seleccionaron entonces a ochenta danzarinas y cantantes de Qi, de gran belleza, y treinta magníficas cuadrigas, y enviaron el presente a Lu, cuyo duque, seducido, desatendió los asuntos de estado y las ceremonias durante varios días. Disgustado por semejante irresponsabilidad, Confucio abandonó Lu (XVIII-4).

Catorce años duraría su exilio, durante los cuales viajó de ducado en ducado, siempre acompañado por algunos de sus discípulos, intentando sin éxito ponerse al servicio de los señores o siendo víctima de rivalidades y confabulaciones, llegando incluso a verse en peligro de muerte en varias ocasiones. Con setenta años de edad, el Maestro Kong regresó a su tierra. Sin embargo, su afán de rectitud y sus críticas, encubiertas o directas, al usurpador Ji Kang[10] no impulsaron a éste a otorgarle un cargo, y Confucio, por su parte, no lo solicitó. Según sigue explicando Sima Qian, el Maestro se dedicó a la redacción, arreglo o refundición de algunos de los clásicos (el *Libro de los Ritos* o *Li ji*, el *Libro de las Odas* o *Shi jing*, el desaparecido *Libro de la música* o *Yue jing* y el *Libro de los documentos* o *Shu jing*), así como al estudio y comentario del *Libro de las mutaciones* (*Yi jing*). Tuvo, añade, tres mil discípulos, entre los que destacaron setenta y dos.

---

10. Ji Kang: jefe de la casa Ji. Ver, por ejemplo, los versículos II-19, II-20 y XII-18.

En el año 481 a. de C., en el transcurso de una cacería, alguien mató una bestia extraña, que consideró de mal augurio. El Maestro Kong declaró que se trataba del unicornio[11] y supo que se acercaba su fin. Viendo que iba a dejar este mundo sin que su vía fuera seguida, decidió emprender nada menos que la redacción de la crónica de Lu *Primaveras y otoños*[12]. En su enfermedad, fue a visitarlo su discípulo Zigong. Confucio cantó: "El monte Tai se hunde, la viga maestra cede, el sabio se marchita...". A los siete días, con setenta y tres años[13], el Maestro murió.

Se ha presentado a Confucio como un reaccionario obsesionado por los ritos y por los gloriosos tiempos de la antigüedad. Él mismo afirmó no ser un creador: "Transmito, no invento. Siento confianza y querencia hacia la antigüedad" (VII-1). Sin embargo, fue precisamente lo subversivo de su pensamiento lo que molestó a sus contemporáneos más poderosos. Como sugiere Étiemble[14], sus frecuentes referencias a un pasado más o menos legendario que toda persona culta conocía podían ser un recurso para *legitimar*, por así decirlo, sus propias ideas. En cualquier caso, esa herencia cultural era fuente de inspiración creativa: "Aquél que, repasando lo sabido, aprende de ello algo nuevo puede ser maestro" (II-11).

En una época en que reyes, señores y pequeños nobles habían perdido sus cualidades propiciadoras y civilizadoras, es

---

11. *Lin*: animal fabuloso y fausto, aparecía para anunciar la llegada de un sabio. Según la leyenda, un unicornio había anunciado a la madre de Confucio el nacimiento del Maestro. La muerte de este unicornio anunciaba, pues, que había llegado su hora.
12. Ver nota 1.
13. Tradicionalmente, en china se contaba, en la edad de una persona, un año por el período de gestación. Así, para nosotros, según Sima Qian, Confucio murió a los setenta y dos años.
14. Étiemble, págs. 94-96.

decir su virtud, el Maestro Kong consideraba que cualquiera podía ser *hidalgo* o *villano*, independientemente de su linaje. Era necesario "rectificar los nombres" (*zheng ming*), devolviéndolos a la esencia de las cosas, la que constituye su virtud: el mal rey no era un rey porque no se ajustaba a lo que debe ser un rey, a su arquetipo, que hemos visto más arriba; del mismo modo, el mal vasallo no debía ser considerado vasallo, ni padre el mal padre, etc., puesto que ninguno de ellos era digno del nombre cuyas prerrogativas usurpaba. Tampoco el villano de condición lo era realmente si demostraba poseer las nobles cualidades del hidalgo (varios de los discípulos más estimados de Confucio eran de extracción humilde). Estas consideraciones, que pueden parecer evidentes ahora, resultaban, en la jerarquizada sociedad feudal del siglo VI a. de C., profundamente originales; y se comprende, por otra parte, que su éxito no fuera inmediato.

La virtud que otorgaba el cielo dejaba, pues, de ser un privilegio aristocrático, cualquiera podía perfeccionarse a sí mismo: si bien era más que improbable el advenimiento de un santo (*sheng*) compenetrado por naturaleza con el cielo (un soberano ideal), sí era posible aspirar a la "humanidad" (*ren*) y convertirse en *hidalgo*. Bastaba con desearlo y con mostrar firmeza en el afán de aprendizaje, ya que todos los hombres son iguales al nacer; sólo la educación, la experiencia y las costumbres los diferencian: "Las naturalezas [humanas] allegan, los hábitos distancian" (XVII-2).

Sobre el *ren*, concepto central del pensamiento confuciano, podría decirse que es la virtud sintética o la virtud de virtudes, ya que incluye todas las demás: es la humanidad perfecta. El santo la posee de forma plena e innata, pero el resto de los hombres debe esforzarse en cultivarla. En ningún momento da Confucio una definición absoluta del *ren* ("¿Puede hablarse con ligereza de lo que difícilmente se lleva a la práctica?", XII-3), pero sí a pinceladas, siempre teniendo en cuenta la personalidad del discípulo que lo interroga. Para ser *ren* hay que amar a los hombres (*ai ren*), ser benevolente (*shu*) y no infligir a los demás lo que uno no quiere que los demás le inflijan; ser justo (*yi*) y actuar siempre con equidad de acuerdo con cada circunstancia y jamás en función del provecho (*li*), ni en espera de un logro (*de*); ser universal (*zhou*), imparcial (*bu bi*) y carecer de prejuicios; leal (*zhong*) y entregado, sincero (*xin*) y cumplidor de la palabra dada; respetuoso (*jing*) consigo mismo y con los demás (muy especialmente con los padres); bondadoso (*hui*) y compasivo con el pueblo. Cuando sirve a un señor, igual que en el trato con los padres, uno ha de saber amonestar con suavidad. Con los amigos, como con los hermanos, uno debe exhortar al esfuerzo sin llegar a resultar premioso. Su amplia educación y su mentalidad abierta lo hacen idóneo para asumir grandes responsabilidades y desempeñar brillantemente importantes cargos oficiales desde donde difundir su benéfica influencia. Sin embargo, si no se reconoce su valía, no cabe en él el resentimiento: sigue perfeccionándose para hacerse digno de estima. Si carece de fortuna, no se lamenta ni se esfuerza en conseguirla de cualquier modo: "Si la riqueza fuera digna de desvelos, me haría hasta zurrador. Pero, no siéndolo, hago lo que me place" (VII-11). Quien aspira al *ren* pone el mayor cuidado en cuanto emprende, da ejemplo en todo, perfecciona a los demás perfeccionándose a sí mismo, beneficia a los demás con lo que beneficia a sí mismo. Para ello, practica la introspección: conocerse a sí mismo es esencial para conocer al otro y saber qué puede uno aportarle o aprender de él; y también la observación: "A cada hombre su modo de errar. Observando los errores [de una persona] se conoce su humanidad" (IV-7), y "Observa cómo actúa. Considera sus motivaciones. Averigua lo que le proporciona bienestar. ¿Qué puede el hombre ocultar?" (II-10).

Como parte esencial de su *humanización*, el hidalgo, además, se ciñe a los ritos (*li*), tradicionalmente considerados como una de las *seis artes*[15] nobles. Los ritos proporcionan las pautas del dominio de uno mismo, de la mesura y la ecuanimidad: cada gesto, cada acto se adecúa de forma idónea a cada circunstancia. Los ritos constituyen la apoyatura necesaria para afirmarse y adquirir solidez. Son el fundamento del desarrollo y la madurez: "A los treinta, me consolidé" (II-4), "Quien no conoce el [valor] de los ritos no puede consolidarse" (XX-3). Anteriormente, los ritos y la caballerosidad estaban presentes en todos los aspectos de la vida noble, hasta en la guerra. Eran lo que caracterizaba a la civilización china respecto a los primitivos bárbaros. Sin embargo, en tiempos de Confucio, habían perdido su valor, al ser practicados por usurpadores; y su relevancia, dejando paso a consideraciones de practicidad y competitividad. El resultado fue, como ya sabemos, el caos, la explotación a ultranza de los campesinos para mayor eficacia en las guerras, la miseria. Vemos pues que la práctica sincera de los ritos que propugna el Maestro Kong proporciona, por una parte, firmeza y serenidad al individuo, además de alejarlo de la barbarie; por otra, restablece el orden y el equilibrio generales. Y es que mediante los ritos se tiende al "justo medio" (*zhong yong*) del que resultan la ausencia de conflicto y la armonía (*he*) ideal.

La práctica de las virtudes que constituyen, en último término, la humanidad, unida a la ecuanimidad que proporciona la cuidadosa observancia de los ritos, son el principal objeto de aprendizaje de cualquiera que aspire a convertirse en *hidalgo*, tanto si ya lo es de condición como si es plebeyo. De este modo, se consigue, como hemos visto, un conocimiento del hombre. Sin embargo, existe un conocimiento más elevado: el del cielo en la medida en que se relaciona con el hom-

---

15. Ver nota 4.

bre, es decir el del "mandato celeste" (*tian ming*). Ese concepto tiene dos aspectos. Por una parte, es la voluntad del cielo en lo referente al orden cósmico y, en este sentido, puede identificarse con la "vía celeste" (*tian dao*) que hemos visto anteriormente: el principio que gobierna la naturaleza, la vida y la muerte, etc. Por otra parte, y derivado del *tian ming* universal, es lo que a uno le toca vivir; la misión, por así decirlo, que tiene cada individuo en el mundo; lo que hace que participe en la evolución general. Conocer el mandato (*zhi ming*) individual es, hasta cierto punto, conocer la *vía* (*dao*); y obedecerlo es seguir la *vía*, adaptarse al orden natural de las cosas. En esto consiste la sabiduría (*zhi*). Huelga decir que el santo la posee de forma innata, igual que posee la humanidad: se halla en continua compenetración con el cielo y con los hombres, a quienes transmite la virtud celeste, haciendo que reine el orden cósmico. Pero el hombre corriente también puede adquirir esa sabiduría gracias al afán de aprendizaje y al continuo perfeccionamiento: "A los quince años, tuve voluntad de aprender. A los treinta, me consolidé. A los cuarenta, me abandonaron las incertidumbres. A los cincuenta, adquirí consciencia del mandato del cielo. A los sesenta, llegué a tener buen oído (o sea sabiduría). A mis setenta, puedo ya seguir los deseos de mi corazón sin infringir las normas" (II-4).

En el *Lunyu*, humanidad y sabiduría aparecen generalmente en paralelo: "El sabio halla deleite en el agua; el humano, en la montaña. El sabio es movedizo; el humano, quieto. El sabio es feliz; el humano, longevo" (VI-21), o "La humanidad resulta apacible al humano y provechosa al sabio" (IV-2). Se trata de la dualidad del santo, nexo ideal entre el cielo y los hombres; pero también de las dos facetas de la perfección que debe cultivar quien desee alcanzar el objetivo último, que es la *vía*: "Quien por la mañana capta la vía, al anochecer puede morir [contento]" (IV-8). Estos aspectos, el de la intuición de la *vía* como objetivo y el del seguimiento de la *vía* como fuente de libertad y como máxima sabiduría, serían desarrollados por el taoísmo, aunque oponiéndose éste al cultivo de la *humanidad* y de las virtudes que abarca, a la observancia de los ritos y al estudio, que consideraba como artificios y trabas. Si el cielo, según Lao zi no es *humano* ni misericordioso, tampoco ha de serlo quien al cielo desea asimilarse: "El cielo y la tierra no son humanos, tratan a los seres como perros de paja. El santo no es humano, trata a los hombres como perros de paja"[16].

Se ha afirmado que Confucio no se interesaba por las cuestiones metafísicas, lo que queda evidentemente desmentido por la cita que acabamos de ver (IV-8). Bien es verdad que no se extendió demasiado sobre la cuestión: "Son asequibles las enseñanzas del maestro acerca de la civilización, no así sus palabras acerca de la naturaleza o de la vía del cielo" (V-12). Sin embargo, se puede pensar que evitaba hablar de lo inefable o de lo difícilmente alcanzable. Confucio pensaba que el *mandato* que el cielo le había encomendado consistía en tratar de devolver el orden al mundo como heredero, intérprete y transmisor de la civilización antigua, y a ello dedicó su vida: "Acorralado en Kuang, el Maestro dijo: 'Tras la muerte del rey Wen, ¿no se halla aquí, [en mí,] la civilización? Si el cielo hubiera querido que muriera esta civilización, el mortal que soy no participaría de ella. Si el cielo no desea que muera esta civilización, ¿qué pueden hacerme las gentes de Kuang?'" (IX-5). Sin duda no imaginaba la inmensa repercusión que tendría a lo largo de los más de dos mil años siguientes de historia de China, llegando a ser divinizado bajo la dinastía Han (206 a. de C.-220 d. de C.) o ferozmente denostado en nuestro siglo, durante el período maoísta. Aún me-

16. *Lao zi*, capítulo V.

nos sospechaba que su influencia se extendería con fuerza a
otros países, como Japón y Corea; que sus enseñanzas cau-
sarían admiración en la Europa ilustrada; que perviviría con
la diáspora china en salvajes países occidentales; ni que que
sus ideas serían, como las de cualquier gran pensador de la
historia, objeto de infinidad de glosas e interpretaciones, de
manipulaciones y deformaciones abusivas, de traducciones a
numerosos idiomas bárbaros de los rincones más remotos de
la tierra.

Pese a que, como hemos visto, la tradición le atribuye los
textos clásicos que constituían la base de la educación noble,
lo más probable es que Confucio no fuera autor de libro alguno. El *Lun yu* reúne aforismos, retazos de conversaciones, bre-
ves anécdotas, algunas apócrifas, y descripciones del Maestro
y de sus discípulos directos, así como citas de los clásicos. De
ahí su título, *Lun yu*, sobre el que nadie se pone de acuerdo
debido a la diversidad de acepciones del carácter *lun* (el diccionario *Han yu da zi dian*[17] enumera unas diecisiete): "dis-
quisición", "apreciación", "condena", "razonamiento", "declaración", "reflexión", "teoría", "selección", por no mencionar más
que algunas plausibles. En cuanto al carácter *yu*, puede ser
"discusión", "conversación", "dicho", "palabra", "discurso", entre otras cosas. Su combinación da, por ejemplo, "re-
flexiones y dichos", "palabras escogidas", "discusiones teó-
ricas", etc.; y las traducciones más frecuentes son "analectas"
y "diálogos". También sería posible "Confuciana", utilizando el sufijo latino de las colecciones de citas, anécdotas y aforismos.

En cualquier caso, la recopilación en cuestión fue hecha
posteriormente, sin que se sepa con exactitud cuándo ni quié-

---

17. *Han yu da zi dian*: Sichuan ci shu, Hubei ci shu, Chengdu 1986, vol. VI,
pág. 3988.

nes se encargaron de ello. Lo que sí es evidente es que fueron haciéndola varias personas de distintas épocas, probablemente discípulos de sus discípulos. Así lo demuestra la diversidad de estilos y de tratamientos, las contradicciones y las repeticiones.

La referencia más antigua a un libro llamado *Lun yu* se encuentra en el *Han shu* ("Historia de la dinastía Han", del siglo I de nuestra era), que menciona la existencia de tres versiones: la de Lu, tierra de Confucio, en veinte libros; la de Qi, en veintidós libros; y la llamada "antigua", con veintiún libros. Según se decía, esta última versión había sido encontrada accidentalmente en el interior de una de las paredes de la casa del Maestro. Las tres versiones fueron objeto de abundantes comentarios y refundiciones sobre las que resultaría tedioso extenderse. Diré sólo que el *Lun yu* utilizado en la presente traducción es el de la edición de Zhu Xi (1130-1200 d. de C.), de la dinastía Song, y consta de veinte libros. En chino, cada libro lleva por título los dos caracteres iniciales de lo primero que diga el Maestro, o del primer párrafo cuando éste es descriptivo, si bien esos caracteres no son indicativos del contenido del libro en cuestión, que no suele tener unidad más que excepcionalmente. Por esta razón y porque no siempre se puede discernir cuál es el tema principal de cada libro, he optado por omitir los títulos.

El *Lun yu* es una obra breve y heterogénea, salpicada de lagunas, contradicciones y extravagancias probablemente debidas a erratas. Por esa razón y también porque las cosas que en él se dicen carecen de contexto, presenta, pese a (o, en ocasiones, a causa de) las innumerables glosas, considerables dificultades de interpretación. No obstante, es la única que nos permite vislumbrar la personalidad y el pensamiento de Confucio, más o menos despejados de los espesos sedimentos con que el raudal de la posteridad lo ha ido cargando sin conseguir fosilizarlo.

Advertencia al lector

A diferencia de las notas de la introducción, las de la traducción están organizadas de la siguiente manera:

* en el texto, todas las palabras, expresiones o frases que precisan alguna explicación se destacan en *cursiva*.
* las notas correspondientes se encuentran al final del volumen, en orden alfabético.
* en las notas, las palabras, expresiones o frases con entrada propia, se destacan en **negrita**.
* al final de cada nota se indican las referencias de todos los versículos en que aparecen los conceptos explicados (número de capítulo en cifras romanas, y número de versículo en cifras arábigas).

De este modo, la abundancia de notas no disturbará la lectura con signos de remisión ni ocupará un gran espacio a pie de página. Por otra parte, en el caso de los conceptos recurrentes, se evita así la repetición de notas.

Al final del volumen se ofrece una bibliografía con títulos sobre Confucio, su tiempo y su filosofía, así como diversas adaptaciones al chino moderno, traducciones al francés, al inglés y al español y otros libros de utilidad. No siendo más que la bibliografía utilizada para la presente edición, no pretende ser exhaustiva, pero sí orientativa.

En la traducción, se conservan los nombres propios y los tratamientos del original, es decir: Confucio es llamado "el Maestro", "el Maestro Kong", "el hidalgo" (sólo en el libro X), "Zhongni" y "Qiu". Asimismo, se conservan los nombres privados y públicos de los demás personajes. Quizá resulte algo confuso al lector, pero de este modo quedan más patentes los grados de familiaridad o de respeto en los diálogos. En cambio, cuando, en el original, un personaje habla de sí mismo en tercera persona, utilizando por modestia su nombre privado, al tratarse de casos aislados, he preferido traducir en primera persona para no desconcertar demasiado al lector. A continuación, se ofrece una relación de los nombres y heterónimos de los discípulos, por orden alfabético de apellidos (el apellido precede, en chino, al nombre) y otra por orden alfabético de nombres públicos.

Relación de los discípulos por orden alfabético de apellidos

(Los nombres entre paréntesis no aparecen en la traducción; los asteriscos indican los discípulos que aparecen más de cinco veces)

(Bu) Shang *	n. público: Zixia. También: Shang
Dantai Mieming	n. público: (Ziyu)
(Duanmu) Ci *	n. público: Zigong. También: Ci
(Fan Xu) *	n. público: (Chi). También: Fan Chi
(Fu Buqi)	n. público: Zijian
(Gao Chai)	n. público: Zigao
(Gongxi) Chi	n. público: Zihua. También: Hua o Gongxi Hua
Gongye Chang	n. público: (Zichang)
(Min Sun)	n. público: (Ziqian). También: Min Ziqian
Nangong Kuo	n. público: (Rong). También: Nan Rong
Qidiao Kai	n. público: (Zikai)
(Ran Geng)	n. público: Boniu. También: Ran Boniu
Ran Qiu *	n. público: (Ziyou). También: Ran You y señor Ran

Ran Yong *	n. público: Zhonggong. También: Yong
(Sima Geng)	n. público: (Niu). También: Sima Niu
(Wuma Shi)	n. público: (Qi). También: Wuma Qi
Yan Hui *	n. público: (Yuan). También: Yan Yuan y Hui
(Yan) Yan *	n. público: Ziyou
You Ruo	n. público: ?. También: Maestro You
(Zeng) Dian	n. público: (Xi). También: Zeng Xi y Dian
(Yuan) Xian	n. público: (Si). También: Yuan Si y Xian
Zai Yu	n. público: Zai Wo
Zeng Shen *	n. público: (Ziyu). También: Maestro Zeng y Shen
Zhong You *	n. público: Zilu. También: You y Ji Lu
(Zhuansun Shi) *	n. público: Zizhang

Relación de los discípulos por orden alfabético de nombres públicos

(Los nombres entre paréntesis no aparecen en la traducción; los asteriscos indican los discípulos que aparecen más de cinco veces)

Boniu	ap. y n. privado: (Ran Geng). También: Ran Boniu
(Chi) *	ap. y n. privado: (Fan Xu). También: Fan Chi
(Niu)	ap. y n. privado: (Sima Geng). También: Sima Niu
(Qi)	ap. y n. privado: (Wuma Shi). También: Wuma Qi
(Rong)	ap. y n. privado: Nangong Kuo. También: Nan Rong
(Xi)	ap. y n. privado: (Zeng) Dian. También: Zeng Xi
?	ap. y n. privado: You Ruo. También: Maestro You
(Si)	ap. y n. privado: (Yuan) Xian. También: Yuan Si
(Yuan) *	ap. y n. privado: Yan Hui. También: Hui y Yan Yuan
(Wo)	ap. y n. privado: Zai Yu. También: Zai Wo
Zhonggong *	ap. y n. privado: Ran Yong. También: Yong
(Zichang)	ap. y n. privado: Gongye Chang

Zigao	ap. y n. privado: (Gao Chai)
Zigong *	ap. y n. privado: (Duanmu) Ci
Zihua	ap. y n. privado: Gongxi Chi. También: Chi, Hua y Gongxi Hua
Zijian	ap. y n. privado: (Fu Buqi)
(Zikai)	ap. y n. privado: Qidiao Kai
Zilu *	ap. y n. privado: Zhong You. También: You, y Ji Lu
(Ziqian)	ap. y n. privado: (Min Sun). También: Min Ziqian
Zixia *	ap. y n. privado: (Bu) Shang
(Ziyou) *	ap. y n. privado: Ran Qiu. También: Ran You y señor Ran
Ziyou *	ap. y n. privado: (Yan) Yan
(Ziyu)	ap. y n. privado: Dantai Mieming
(Ziyu) *	ap. y n. privado: Zeng Shen. También: Shen y Maestro Zeng
Zizhang *	ap. y n. privado: (Zhuansun Shi)

LUN YU

LIBRO I

I-1. El Maestro dijo: «*Estudiar* y, *en el momento oportuno, llevar a la práctica* lo aprendido, ¿no es acaso motivo de alegría? El que venga un amigo desde lugares remotos, ¿no es acaso motivo de regocijo? No experimentar amargura pese a ser ignorado por los hombres, ¿no es acaso [propio del] *hidalgo*?».

I-2. El *Maestro You* dijo: «Pocos hombres hay que, *cumpliendo sus deberes para con sus padres y hermanos mayores*, sean propensos a desafiar a sus superiores. Ninguno hay que, no siendo propenso a desafiar a sus superiores, sea proclive a fomentar la rebelión. El *hidalgo* cultiva la raíz. Una vez establecida la raíz, nace la *vía*. El cumplimiento de los deberes para con los padres y hermanos mayores es la raíz de la *humanidad*».

I-3. El Maestro dijo: «Palabras zalameras y apariencia afable poco tienen de *humanidad*».

I-4. El *Maestro Zeng* dijo: «Cada día examino mi ser por *tres veces*: en mi servicio a otros, ¿he sido *leal*? En el trato con mis amigos, ¿he sido *sincero*? ¿He llevado a la práctica las enseñanzas que me han sido transmitidas?».

I-5. El Maestro dijo: «Para gobernar un *señorío de mil carros* [de guerra], trabaja con reverente atención y sé *sincero*, gasta con parsimonia y ama al prójimo; y *no impongas prestaciones al pueblo más que en los momentos oportunos*».

I-6. El Maestro dijo: «El joven, de puertas adentro, ha de practicar la *piedad filial*; fuera, ha de ser respetuoso con los mayores, atento y sincero. Su amor hacia los hombres ha de ser universal, favoreciendo sin embargo a quienes practican la *humanidad*. Si, actuando [de este modo], le sobran fuerzas, las dedicará a *ilustrarse*».

I-7. *Zixia* dijo: «De aquél que *honre la excelencia [de su esposa] no estimando su belleza*, que sirva a su padre y a su madre con absoluta devoción, que sirva a su señor ofreciendo su propia vida, que hable con *buena fe* en el trato con sus amigos, aunque se diga que no tiene *educación*, yo habré de decir que sí la tiene».

I-8. El Maestro dijo: «Un *hidalgo* que no tenga gravedad no impondrá respeto; su conocimiento carecerá de firmeza. Ten por principio la *lealtad* y la *sinceridad*. No cultives más amistad que la de aquél de tu misma valía. Si yerras, no temas enmendarte».

I-9. El *Maestro Zeng* dijo: «Si rendimos los *últimos deberes* a nuestros padres y honramos con ofrendas a nuestros antepasados, la *virtud* del pueblo recobrará su plenitud».

I-10. *Ziqin* preguntó a *Zigong*: «Cuando el Maestro llega a un ducado, se informa sobre su gobierno. ¿Pide esa información o le es dada?».

Zigong dijo: «El Maestro la obtiene siendo afable, bondadoso, respetuoso, frugal y condescendiente. ¡Cuán distinta es su [manera] de indagar de la de los demás hombres!».

I-11. El Maestro dijo: «Observa las tendencias [de un hombre] mientras vive su padre. Observa su conducta cuando éste muere. Si en *tres años* no se aparta de la *vía* paterna, se puede considerar que cultiva la *piedad filial*».

I-12. *El Maestro You* dijo: «En la práctica de los *ritos*, es principal la armonía. Es lo que constituye la belleza de la *vía* de los *reyes de la antigüedad*, que, conforme a [la armonía, hacían todas las cosas,] ya fueran grandes o pequeñas. [No obstante,] hay algo que se ha de evitar: estimar la armonía y practicarla sin moderarla mediante los *ritos* es cosa que no se ha de hacer».

I-13. *El Maestro You* dijo: «Cuando la *sinceridad* se ciñe a lo *justo*, se puede responder de la palabra dada. Cuando la deferencia se ciñe a los *ritos*, se alejan vergüenza y deshonor. Quien es irreprochable con los suyos puede ser tomado como ejemplo».

I-14. El Maestro dijo: «El *hidalgo* come sin afán de hartazgo y vive sin afán de holganza. Es diligente en lo que hace y circunspecto en lo que dice. Cultiva la rectitud conforme a quienes poseen la *vía*. En verdad se puede decir de él que desea *aprender*».

I-15. *Zigong* preguntó: «¿Qué os parece quien aun siendo pobre no adula, y quien aun siendo rico no es soberbio?».
El Maestro contestó: «Está bien. Pero mejor es quien aun siendo pobre es feliz , y quien aun siendo rico cultiva los *ritos*».
Zigong añadió: «El *Libro de las Odas* dice: "Como [hueso] tallado y [marfil] pulido, como [jade] cincelado y [gema] bruñida". ¿A eso os referíais?».
El Maestro dijo: «*Ci*, [por fin] puedo empezar a hablar del *Libro de las Odas* contigo. *En lo sabido captas lo tácito*».

I-16. El Maestro dijo: «No me preocupa que los hombres no me conozcan. Me preocupa no conocer a los hombres».

LIBRO II

II-1. El Maestro dijo: «Quien gobierna por su *virtud* es como la Estrella Polar, que permanece en su sitio mientras los demás astros giran en torno a ella».

II-2. El Maestro dijo: «El *Libro de las Odas* tiene trescientas piezas, que abarca una sola frase: "[en su] pensamiento nada es avieso"».

II-3. El Maestro dijo: «Guía al pueblo con leyes, mantenlo en orden con castigos: el pueblo [hará lo posible por] eludirlos, pero carecerá de [sentido del] honor. Guíalo por la *virtud*, mantenlo en orden por los *ritos*: tendrá [sentido del] honor y se avendrá».

II-4. El Maestro dijo: «A los quince años, tuve voluntad de *aprender*. A los treinta, me consolidé. A los cuarenta, me abandonaron las incertidumbres. A los cincuenta, adquirí consciencia del *mandato del cielo*. A los sesenta, llegué a tener *buen oído*. A mis setenta, puedo ya seguir los deseos de mi corazón sin infringir las normas».

II-5. El *señor Meng Yi* preguntó [acerca de] la *piedad filial*. El Maestro respondió: «No contravenir».

[Más tarde, mientras] *Fan Chi* lo llevaba en carro, el Maestro dijo: «Meng me ha preguntado [qué es] la *piedad filial*». Le he contestado: «No contravenir».

Fan Chi preguntó: «¿Qué significa?».

El Maestro dijo: «Mientras los padres sigan en vida, servirles según los *ritos*; cuando mueran, darles sepultura según los ritos y dedicarles ofrendas según los ritos».

II-6. El *señor Meng Wu* preguntó [acerca de] la *piedad filial*. El Maestro dijo: «No des a tus padres más causa de preocupación que tu salud».

II-7. *Ziyou* preguntó qué era la *piedad filial*. El Maestro dijo: «La piedad filial de hoy en día consiste en mantener a los padres. Pero hasta los perros y los caballos reciben sustento. Sin la debida veneración, ¿qué diferencia hay?».

II-8. *Zixia* preguntó acerca de la *piedad filial*. El Maestro dijo: «Lo difícil es [la bondad del] talante [con que se practica]. ¿Acaso se puede considerar piedad filial el que un joven se limite a asumir los afanes de sus mayores o les sirva vino y alimento, sin más?».

II-9. El Maestro dijo: «Hablé con *Hui* un día entero. No me contradijo, como si fuera estúpido. *Me retiré y observé [su actitud] privada*, y vi que era capaz de esclarecer [mis enseñanzas]. [Ciertamente,] Hui no es estúpido».

II-10. El Maestro dijo: «Observa cómo actúa. Considera sus motivaciones. Averigua lo que le proporciona bienestar. ¿Qué puede el hombre ocultar? ¿Qué puede el hombre ocultar?».

II-11. El Maestro dijo: «Aquél que *repasando lo sabido, aprende de ello algo nuevo* puede ser maestro».

II-12. El Maestro dijo: «El *hidalgo* no es *instrumental*».

II-13. *Zigong* preguntó acerca del *hidalgo*.

El Maestro dijo: «Es el que empieza por llevar a la práctica lo que dice, y luego se atiene a ello».

II-14. El Maestro dijo: «*El hidalgo es universal, no es parcial*. El *villano* es parcial, no es universal».

II-15. El Maestro dijo: «*Estudiar* sin reflexionar es vano, reflexionar sin estudiar es peligroso».

II-16. El Maestro dijo: «¡*Cuán pernicioso es dedicarse a criticar [a quienes profesan] principios distintos*!».

II-17. El Maestro dijo: «*You*, ¿te enseño lo que es el saber? Considera que sabes lo que sabes, considera que no sabes lo que no sabes. Ése es el saber».

II-18. *Zizhang* estudiaba con la pretensión de un cargo lucrativo. El Maestro dijo: «Escucha mucho y rechaza lo dudoso. Sé circunspecto al hablar de lo restante. Cometerás así pocos errores. Observa mucho y rechaza lo aventurado. Sé circunspecto al obrar en lo restante. Tendrás así pocos motivos de arrepentimiento. Tu prosperidad radicará en cometer pocos errores al hablar y tener pocos motivos de arrepentimiento en tus obras».

II-19. El *duque Ai* preguntó: «¿Qué hacer para conciliarse al pueblo?».
El *Maestro Kong* contestó: «Promoved al íntegro, apartad al injusto, y os conciliaréis al pueblo. Promoved al injusto, apartad al íntegro, y no os conciliaréis al pueblo».

II-20. El *señor Ji Kang* preguntó: «¿Cómo conseguir la veneración, la *lealtad* y el esfuerzo del pueblo?».
El Maestro dijo: «Tratadlo con dignidad, y seréis venera-

do. [Mostrad] *piedad filial* y paternal solicitud, y obtendréis su lealtad. Promoved [al hombre de] talento e instruid al incapaz, y el pueblo se verá animado al esfuerzo».

II-21. Alguien preguntó al *Maestro Kong*: «Maestro, ¿por qué no servís en el gobierno?».

El Maestro contestó: «El *Libro de los Documentos* dice: "*Piedad filial*, sólo piedad filial y fraternidad. [Sus beneficios] se extienden al gobierno". Siendo así, ¿por qué habría yo de servir en el gobierno?».

II-22. El Maestro dijo: «No sé cómo puede ser que un hombre no tenga palabra. ¿Avanzaría acaso un carro sin yugo, o una carreta sin lanza?».

II-23. *Zizhang* preguntó si se podía saber [lo que ocurriría en] diez generaciones. El Maestro dijo: «Los *Yin* se conformaron a los *ritos* de los *Xia*. Lo que suprimieron o añadieron [a los mismos] puede saberse. Los *Zhou* se conformaron a los ritos de los Yin. Lo que suprimieron o añadieron [a los mismos] puede saberse. [Lo que ocurra bajo] las generaciones que sucedan a los Zhou, aunque sean cientos, puede saberse».

II-24. El Maestro dijo: «Ofrendar a los espíritus de los antepasados ajenos a la propia familia es adulación. Ver lo [que sería] *justo* [hacer] y no llevarlo a cabo es cobardía».

LIBRO III

III-1. El *Maestro Kong* dijo, hablando del *señor Ji*: «*Ocho filas de ocho danzantes* evolucionan en su patio principal. Si es capaz de semejante infamia, ¿de qué no será capaz?».

III-2. Las *tres casas* concluían [las ceremonias] con [la oda] *Yong*.

El Maestro dijo: «[Según la oda:] "Los señores asisten en las ofrendas, el *hijo del cielo* [las dirige], digno y solemne". ¿Cómo es que adoptan [esa oda] en los templos de las *tres casas*?».

III-3. El Maestro dijo: «[Si,] siendo hombre, se carece de *humanidad*, ¿de qué sirven los *ritos*? [Si] siendo hombre, se carece de humanidad, ¿de qué sirve la *música*?».

III-4. *Lin Fang* preguntó cuál es la raíz de los *ritos*.

El Maestro dijo: «¡Gran pregunta! [En cuestión de] ritos, la parsimonia es preferible al fausto. [En cuanto a] los funerales, la aflicción es preferible al ceremonial».

III-5. El Maestro dijo: «Los bárbaros del este y del norte tienen sus señores. [Aun así,] *no son equiparables* a los chinos, que los han perdido».

III-6. El *señor Ji* iba a ofrendar en el *monte Tai*.

El Maestro dijo a *Ran You*: «¿No puedes impedirlo?».

Éste contestó: «No lo puedo».

El Maestro dijo: «¡Ay! ¿Es decir, pues, que el monte Tai es menos [conocedor de los *ritos*] que *Lin Fang*?».

III-7. El Maestro dijo: «El *hidalgo* no tiene por qué rivalizar. Si ha de hacerlo, es en [un torneo de] *tiro al arco*. [Pero, incluso entonces,] se inclina y cede [su sitio] antes de acceder [a la liza]; [al concluir,] desciende y liba [el vino del vencido]. Hasta en la rivalidad es hidalgo».

III-8. *Zixia* preguntó: «¿Qué significan [los versos]: "cautivadora risa de tiernos hoyuelos, hermosos ojos de rutilante mirar. En blanco lienzo de seda, [resplandecen] los colores"?».

El Maestro dijo: «La pintura va después del lienzo de seda».

Dijo Zixia: «¿Es decir que los *ritos* van después [de la *humanidad*]?».

El Maestro dijo: «*Shang* me estimula [el entendimiento]. Puedo empezar a hablar con él del *Libro de las Odas*».

III-9. El Maestro dijo: «Puedo hablar de los *ritos* de los *Xia*, pero [sus descendientes, las gentes de] *Qi*, ya no son dignos de ilustrarlos. Puedo hablar de los ritos de los *Yin*, pero [sus descendientes, las gentes de] *Song*, ya no son dignos de ilustrarlos. Ello se debe a su [actual] carencia de documentos [históricos] y de hombres de valía. Si los hubiera, podrían dar fe [de lo que digo]».

III-10. El Maestro dijo: «En la celebración de la *Gran Ofrenda*, no deseo ver nada de lo que ocurre acabada la libación».

III-11. Alguien preguntó el significado de la *Gran Ofrenda*.

El Maestro contestó: «No lo conozco. Para quien conociera su significado, el mundo sería como esto que muestro». Y señaló la palma de su mano.

III-12. *Ofrendar como si estuvieran presentes*: ofrendar a los espíritus como si éstos estuvieran presentes. El Maestro dijo: «Si yo no participara [personalmente] en la ofrenda, sería como si no ofrendara».

III-13. *Wangsun Jia* preguntó: «¿Qué significa [el dicho]: *"Más vale adular al espíritu del hogar que a los de la casa"*?». El Maestro dijo: «No dice verdad. Quien al cielo ofende no tiene a quien rezar».

III-14. El Maestro dijo: «La dinastía *Zhou* se inspiró en las dos anteriores. ¡Qué esplendor de civilización! Yo sigo a los Zhou».

III-15. El Maestro entró en el *templo mayor* y preguntó por cada cosa. Alguien dijo: «¿Quién dice que el *hijo del de Zou* conoce los *ritos*? Entra en el templo mayor y lo pregunta todo». Al oírlo, dijo el Maestro: «[Precisamente] eso es rito».

III-16. El Maestro dijo: «En el *tiro al arco*, lo importante, no es atravesar la diana, porque la fuerza física [de los participantes] es desigual. Tal es la *vía* de la antigüedad».

III-17. *Zigong* deseaba eliminar [la costumbre de] sacrificar un carnero en el primer día de cada luna. El Maestro dijo: «*Ci, a tí, te importa el carnero; a mí, me importan los ritos*».

III-18. El Maestro dijo: «Servir al señor cumpliendo en todo los *ritos* es [algo que] las gentes [de hoy] consideran adulación».

III-19. El *duque Ding* preguntó [cómo debía] un señor disponer de sus vasallos, [y cómo éstos debían] servir a su señor. El *Maestro Kong* contestó: «El señor [ha de] disponer de sus vasallos según los *ritos*. Los vasallos [han de] servir a su señor con *lealtad*».

III-20. El Maestro dijo: «[La oda] *Guanju* expresa el gozo sin [llegar a la] lascivia , y la tristeza sin [llegar a la] amargura».

III-21. El *duque Ai* preguntó a *Zai Wo* [qué árboles se consagaban al] *espíritu del suelo*. Zai Wo contestó: «La dinastía *Xia*, el pino; las gentes de *Yin*, el ciprés; las de *Zhou*, el álamo temblón». Y añadió: «para que el pueblo temblara.»

Al oírlo, el Maestro dijo [descontento]: «No [cabe] hablar de lo ya hecho, no [cabe] criticar lo consumado, no [cabe] ofensa por lo pasado».

III-22. El Maestro dijo: «¡Qué poca valía, la de *Guan Zhong*!».

Alguien preguntó: «¿No era Guan Zhong parsimonioso?».

[El Maestro] dijo: «Guan Zhong tomó esposas de tres familias, y sus administradores no asumían más de una función cada uno, ¿dónde está la parsimonia?».

«Pero ¿no observaba Guan Zhong los *ritos*?»

[El Maestro] dijo: «Su señor [tenía] un muro ante la puerta del palacio. Guan también poseía uno. Su señor, para sus encuentros con otros señores, tenía un ara donde posar [las copas]. Guan también poseía uno. Si Guan observaba los ritos, ¿quién no los observa?».

III-23. El Maestro dijo, acerca de la *música*, al Gran Maestro de Lu: «Es posible reconocer [la bondad de] la música. El preludio ha de ser intenso y solemne. Seguidamente, cada [sonido] se desprenderá en su pureza, límpido y sostenido hasta el final».

III-24. El gobernador de la frontera de Yi pidió ser recibido, diciendo: «No hay *hidalgo* que haya venido a estas [tierras] y yo no haya visitado». Los seguidores lo presentaron. Al salir, dijo: «¿Señores, por qué os aflige el desaire? Hace ya tiempo que el mundo anda *desviado*. El Cielo hará de vuestro Maestro su *campana*».

III-25. El Maestro dijo de [la *música*] *Shao* que era perfecta su belleza y perfecta su bondad. De [la música] de *Wu*, dijo que era perfecta su belleza, pero no así su bondad.

III-26. El Maestro dijo: «Ocupar elevados [cargos] careciendo de magnanimidad, practicar los ritos sin [mostrar] reverencia, acudir a los funerales sin [sentir] aflicción, ¿cómo tolerar semejante espectáculo?».

LIBRO IV

IV-1. El Maestro dijo: «Es bueno morar en la *humanidad*. Eligiendo residencia en otro lugar, ¿se puede acaso alcanzar la *sabiduría*?».

IV-2. El Maestro dijo: «[Aquél que] carezca de *humanidad* no es capaz de permanecer mucho tiempo en el desamparo ni en la alegría. La humanidad resulta apacible al humano y provechosa al *sabio*».

IV-3. El Maestro dijo: «Sólo quien posee *humanidad* puede amar o aborrecer a los demás [con discernimiento y justedad]».

IV-4. El Maestro dijo: «Si la voluntad tiende hacia *humanidad*, no habrá mal».

IV-5. El Maestro dijo: «Riqueza y honores son lo que el hombre desea. Si no los obtiene según la *vía*, no los conserva. Miseria y desmedro son lo que el hombre aborrece. Si llega a ellos sin mantenerse en la vía, no los abandona. Si el *hidalgo* abandona la *humanidad*, ¿acaso es digno de ese nombre? El hidalgo no se aparta de la humanidad ni siquiera el tiempo de una comida, ni [acuciado por] la emergencia o [abrumado por] la adversidad».

IV-6. El Maestro dijo: «Nunca he visto a nadie que estime [verdaderamente] la *humanidad* y aborrezca lo inhumano. Quienes estiman la humanidad, a nada más dan preeminencia; quienes aborrecen lo inhumano practican la humanidad [de tal modo que] no permiten que lo inhumano les ataña. ¿Hay quien sea capaz de dedicar su fuerza a la humanidad, aunque sea [por espacio de] un día? [No, que yo sepa; y, sin embargo,] no creo que sea por falta de fuerza. Si tal [hombre] existe, yo no lo he visto».

IV-7. El Maestro dijo: «A cada hombre su modo de errar. Observando los errores [de una persona], se conoce su *humanidad*».

IV-8. El Maestro dijo: «Quien por la mañana *capta la vía*, al anochecer puede morir [contento]».

IV-9. El Maestro dijo: «El *letrado* que aspire a la *vía* y se avergüence de su mala ropa y mal sustento no merece que se converse con [él]».

IV-10. El Maestro dijo: «Respecto al mundo, el *hidalgo* carece de [prejuicios] a favor o en contra [de las cosas], se ciñe a lo *justo*».

IV-11. El Maestro dijo: «El *hidalgo* piensa en la *virtud*; el *villano*, en la hacienda. El hidalgo piensa en las reglas, el villano, en los privilegios».

IV-12. El Maestro dijo: «Quien actúa en función de sus propios intereses provocará muchas hostilidades».

IV-13. El Maestro dijo: «¿Se puede gobernar con [observancia de los] *ritos* y deferencia? Ciertamente: si no se pudiera, ¿de que servirían los ritos?».

IV-14. El Maestro dijo: «No me preocupa el no tener un

cargo, sino el merecerlo. No me preocupa que no se me conozca, [sólo] aspiro a hacerme digno de ser conocido».

IV-15. El Maestro dijo: «*Shen*, un [solo principio] recorre mi *vía*».

El *Maestro Zeng* dijo: «Así es».

El Maestro salió, y los [demás] discípulos preguntaron: «¿Qué ha querido decir?».

El Maestro Zeng dijo: «La vía del Maestro consiste en *lealtad* [a uno mismo] y *benevolencia* [hacia los demás], eso es todo».

IV-16. El Maestro dijo: «El *hidalgo* entiende de *justicia*; el *villano* entiende de provecho».

IV-17. El Maestro dijo: «Si ves a un hombre excelente, piensa en igualarlo. Si ves a uno que no lo sea, haz tu introspección».

IV-18. El Maestro dijo: «Al servir a los padres, uno puede amonestarlos con delicadeza. Si ve que la voluntad [de éstos] no obedece [su consejo], ha de respetarlos aún más y no contrariarlos. Por afligido que se sienta, no ha de guardarles rencor».

IV-19. El Maestro dijo; «En vida de los padres, no viajes a lugares remotos. De hacerlo, has de tener un destino [concreto, por si los padres precisan llamarte]».

IV-20. El Maestro dijo: «De quien en *tres años* no altera la *vía* de su padre se puede decir que muestra *piedad filial*».

IV-21. El Maestro dijo: «La edad de los padres no puede ignorarse, tan pronto es motivo de alegría como lo es de inquietud».

IV-22. El Maestro dijo: «[Los hombres] de la antigüedad eran parcos en palabras para [evitar la] vergüenza de no quedar a su altura».

IV-23. El Maestro dijo: «Con mesura pocos yerran».

IV-24. El Maestro dijo: «El *hidalgo* es tardo en palabras y pronto en actos».

IV-25. El Maestro dijo: «La *virtud* no se halla aislada, siempre atrae vecindad».

IV-26. *Ziyou* dijo: «Al servir al soberano, los reproches provocan desgracia. En la amistad, provocan distanciamiento».

LIBRO V

V-1. El Maestro dijo de *Gongye Chang*: «Es digno de tomar esposa. Estuvo en prisión, pero no tuvo culpa». Y le dio su hija en casamiento.

De *Nan Rong*, dijo: «En un ducado donde reine la *vía*, no será apartado; en un ducado desviado, evitará el suplicio y la [pena de] muerte». Y le dio la hija de su hermano mayor en casamiento.

V-2. El Maestro dijo de *Zijian*: «¡Qué *hidalguía*, la de este hombre! Si no hay hidalgos en Lu, ¿dónde la ha conseguido?».

V-3. *Zigong* preguntó: «¿Cómo soy, [a vuestro parecer]?».
El Maestro dijo: «Eres un *instrumento*».
[Zigong] insistió: «¿De qué clase?».
[El Maestro] dijo: «Una vasija de ofrendas».

V-4. Alguien dijo: «*Yong* es *humano*, pero no elocuente».
El Maestro dijo: «¿Y de qué le serviría la elocuencia? Rivalizar en facundia suele provocar animadversión. Humano, no sé si es, pero ¿para qué [necesita] la elocuencia?».

V-5. El Maestro [quería] que *Qidiao Kai* ejerciera un cargo oficial. [Éste le] contestó: «Para ello todavía no soy digno de confianza».
El Maestro se alegró [de la respuesta].

V-6. El Maestro dijo: «No se sigue la *vía*. Tomaré una balsa y me haré a la mar. ¿Quién me acompañará? ¿*You*, quizá?».

51

Al oírlo, *Zilu* [asintió,] alborozado. El Maestro dijo [entonces]: «¡Este You! Me sobrepasa en arrojo, [pero] *no hay con qué hacer [la balsa]*».

V-7. El *señor Meng Wu* preguntó si *Zilu* poseía *humanidad*. El Maestro dijo: «No lo sé».

[Meng Wu] insistió. El Maestro dijo: «En un *señorío de mil carros* [de guerra], *You* podría encargarse de la leva de tropas, [pero] no sé de su humanidad».

[Meng Wu preguntó entonces:] «¿Y *Qiu*?».

El Maestro contestó: «En [feudos como] una villa de mil hogares o una casa de cien carros [de guerra], Qiu podría ser nombrado gobernador, [pero] no sé de su humanidad».

[Meng Wu prosiguió:] «¿Y *Chi*?».

El Maestro contestó: «En la corte, ceñido el cinto [de gala], podría ocuparse de recibir a las embajadas, [pero] no sé de su humanidad».

V-8. El Maestro dijo a *Zigong*: «Entre tú y *Hui*, ¿quién es mejor?».

[Zigong] contestó: «¿Cómo podría atreverme a abrigar la esperanza [de igualar a] Hui? Hui *oye una cosa y capta diez*. Yo, en cambio, oigo una y capto dos».

El Maestro dijo: «[Ciertamente,] no puedes equipararte [a él]. *Ni tú ni yo podemos equipararnos [a él]*».

V-9. *Zai Yu* dormía en pleno día. El Maestro dijo: «No se puede tallar la madera podrida. No se puede enjabelgar un muro de estiércol. ¿Para qué [perder tiempo] recriminando a Yu?».

También dijo: «Inicialmente, [mi actitud] con las personas [consistía en] escuchar sus palabras y creer en sus actos. Ahora, [mi actitud] con las personas [consiste en] escuchar sus palabras y observar sus actos. Yu es quien me ha hecho cambiar».

V-10. El Maestro dijo: «Jamás he visto a nadie de [inquebrantable] firmeza».
Alguien replicó: «*Shen Cheng*».
El Maestro dijo: «Cheng es apasionado. ¿Cómo va a ser tan firme?»

V-11. *Zigong* dijo: «Lo que no deseo que los demás me hagan, tampoco deseo hacerlo a los demás».
El Maestro dijo: «*Ci*, todavía no has llegado a eso».

V-12. *Zigong* dijo: «Son asequibles las *enseñanzas del Maestro* acerca de la civilización, no así sus palabras acerca de la naturaleza o de la *vía* del cielo».

V-13. Cuando *Zilu* aprendía algo sin tener [ocasión de] ponerlo en práctica, su único temor era aprender [algo nuevo].

V-14. *Zigong* preguntó: «¿Por qué *Kong [Yu]* fue llamado "el Ilustrado"?».
El Maestro contestó: «[Era un hombre] perspicaz y amante del estudio, que no se avergonzaba de aprender de sus inferiores, por eso fue llamado "el Ilustrado"».

V-15. El Maestro dijo acerca de *Zichan*: «Posee cuatro de las cualidades del *hidalgo*: en su conducta privada, es digno; en el servicio a sus superiores, es respetuoso; en su sustento al pueblo, es benéfico; y *justo* en su imposición de prestaciones».

V-16. El Maestro dijo: «*Yan Pingzhong* se relacionaba bien con los demás. Según transcurría el tiempo, más respetado era».

V-17. El Maestro dijo: «*Zang Wenzhong* cría una gran tortuga de Cai en un templete con capiteles que figuran montañas y columnas ornamentadas. ¿Qué *sabiduría* es ésa?».

V-18. *Zizhang* preguntó: «El primer ministro *Ziwen* ejerció por tres veces su cargo, sin [mostrar por ello] ufanía, y por tres veces lo perdió, sin [mostrar por ello] despecho. [Además, tras cada destitución] informó a su sucesor acerca de su política. ¿Qué os parece?».

El Maestro contestó: «Eso es *lealtad*».

[Zizhang] insistió: «¿Y *humanidad*?».

[El Maestro] contestó: «No lo sé. ¿Por qué va a ser humanidad?».

[Zizhang dijo:] «Cuando el *señor Cui* mató al señor de *Qi*, el *señor Chen Wen* poseía [un feudo de] diez carros [de guerra]. Lo abandonó y se fue [de Qi]. Al llegar a otro ducado declaró: "[Aquí] son como el gran oficial Cui", y se fue. En el siguiente ducado, dijo de nuevo: "Aquí son como el gran oficial Cui", y se fue. ¿Qué os parece?».

El Maestro respondió: «Eso es integridad».

[Zizhang] preguntó: «¿Y humanidad?».

[El Maestro] contestó: «No lo sé. ¿Por qué va a ser humanidad?».

V-19. El *señor Ji Wen* reflexionaba tres veces antes de actuar. Cuando el Maestro lo supo, dijo: «Con dos habría sido suficiente».

V-20. El Maestro dijo: «El *señor Ning Wu*, cuando el ducado seguía la *vía*, era sabio; cuando se desviaba, [fingía] idiotez. Su *sabiduría* puede alcanzarse, no así su idiotez».

V-21. En *Chen*, el Maestro dijo: «¡Volvamos! ¡Volvamos! Mis jóvenes discípulos son ambiciosos e impacientes. Su ilustración es extraordinaria, pero no saben ordenarla».

V-22. El Maestro dijo: «*Boyi* y *Shuqi* no evocaban antiguos agravios, por eso tenían pocos enemigos».

V-23. El Maestro dijo: «¿Quién dice que *Weisheng Gao* era recto? [En cierta ocasión,] alguien le pidió vinagre y, [para poder] dárselo, [Weisheng Gao] fue a pedirlo a su vecino».

V-24. El Maestro dijo: «Palabras zalameras, apariencia afable y deferencia servil [son cosas] que *Zuo Qiuming* consideraba deshonrosas. A mí, también me lo parecen. Ocultar resentimiento hacia alguien bajo una apariencia amistosa [es cosa] que Zuo Qiuming consideraba deshonrosa. A mí, también me lo parece».

V-25. [Un día en que] *Yan Yuan* y *Ji Lu* asistían al Maestro, éste dijo: «Decidme, ¿cuáles son vuestras aspiraciones?».
Zilu dijo: «Desearía carros y corceles, ropas y mantos de pieles. Los compartiría con mis amigos sin arrepentirme si los estropearan».
Yan Yuan dijo: «Desearía no alardear de mis talentos, ni jactarme de mis méritos».
Zilu añadió: «Desearía oír cuáles son vuestras aspiraciones».
El Maestro dijo: «A los ancianos, dar bienestar; a mis amigos, inspirar confianza; y a los jóvenes, afecto».

V-26. El Maestro dijo: «¡Es inútil! Jamás he visto que alguien sea capaz de percibir sus propios errores y reprenderse interiormente».

V-27. El Maestro dijo: «En una aldea de diez hogares, sin duda hay alguien que, en *lealtad* y *sinceridad*, sea como yo, aunque no tan deseoso de aprender».

LIBRO VI

VI-1. El Maestro dijo: «*Yong* es digno de *sentarse de cara al sur*».

Zhonggong preguntó acerca de *Zisang Bozi*.

El Maestro dijo: «Sería capaz por su sencillez».

Zhonggong dijo: «Para gobernar al pueblo, ¿no se puede asimismo practicar la sencillez manteniendo la dignidad? ¿No sería demasiada sencillez el practicar la sencillez ateniéndose a la sencillez [en detrimento de la dignidad]?».

El Maestro dijo: «Dices verdad, Yong».

VI-2. El *duque Ai* preguntó cuál de los discípulos mostraba más afán de aprendizaje.

El *Maestro Kong* contestó: «Era Yan *Hui*. No desahogaba su ira en los demás, ni cometía dos veces el mismo error. Desgraciadamente, murió tras una vida corta. Ahora, ya no queda nadie [así]. No sé de nadie [tan] deseoso de aprender».

VI-3. *Zihua* había sido enviado a *Qi*, y [por ello] el *señor Ran* pidió [un subsidio de] mijo para la madre [de aquél].

El Maestro dijo: «Que le den seis *celemines* y medio».

[Ran] pidió más.

[El Maestro] contestó: «Que le den dieciséis celemines».

[Pero] Ran dio [a la mujer] ochocientos celemines.

El Maestro dijo: «Cuando *Chi* partió hacia Qi, llevaba recias monturas y lustrosas pieles. Que yo sepa, un *hidalgo* ayuda a los menesterosos, no añade fortuna a los ricos».

Cuando *Yuan Si* fue intendente [del Maestro], [éste] le dio novecientas medidas de mijo, que [Yuan Si] rechazó. El Maestro le dijo: «No lo hagas. Compártelo con tu vecindad».

VI-4. A propósito de *Zhonggong*, dijo el Maestro: «Si el *ternero de una res de labranza*, [nace con pelaje] alazán y [buena] cornamenta, aunque nadie desee utilizarlo [para el sacrificio], ¿lo rechazarían los espíritus de los montes y las aguas?».

VI-5. El Maestro dijo: «*Hui* podía pasar meses sin que su mente se desviara de la *humanidad*. Los demás sólo lo conseguían de vez en cuando, nada más».

VI-6. El *señor Ji Kang* preguntó si *Zhong You* era digno de ejercer un cargo público. El Maestro dijo: «*You* es resuelto, ¿porqué no?».
[Ji] prosiguió: «¿Y *Ci*?».
El maestro contestó: «Ci es perspicaz, ¿por qué no?»
[Entonces, Ji] preguntó: «¿Y *Qiu*?».
[El Maestro] contestó: «Qiu tiene talento, ¿por qué no?».

VI-7. El *señor Ji* mandó ofrecer a *Min Ziqian* el cargo de gobernador de Bi. Min Ziqian dijo [al mensajero]: «Rechazad cortésmente [su oferta]. Si la reitera, habré de cruzar el *Wen*».

VI-8. *Boniu* cayó enfermo. El Maestro fue a visitarlo. Tomando su mano a través de la ventana, dijo: «Se muere, ¡es el mandato! ¡[Qué desgracia] que un hombre así sufra esta enfermedad! ¡Que un hombre así sufra esta enfermedad!».

VI-9. El Maestro dijo: «¡Qué excelencia, la de *Hui*! Una escudilla de arroz, una calabaza de agua, una humilde casucha, miserias que nadie soportaría, no alteraban su buen talante. ¡Qué excelencia, la suya!».

VI-10. *Ran Qiu* dijo: «No es que vuestra *vía* no me plazca, Maestro, es que me falta fuerza».

El Maestro dijo: «Aquél a quien falta fuerza, abandona a medio camino. Tú, [en cambio] te detienes ahora, [apenas iniciada la andadura]».

VI-11. El Maestro dijo a *Zixia*: «Sé *letrado* con *hidalguía*, no con *villanía*».

VI-12. Siendo *Ziyou* gobernador de la ciudad de Wu, el Maestro le preguntó: «¿Has conseguido hombres [de valía]?».

[Ziyou] contestó: «Tengo a un tal *Dantai Mieming*. No se anda con rodeos y nunca ha venido a verme de no ser para [tratar] asuntos oficiales».

VI-13. El Maestro dijo: «*Meng Zhifan* no se jactaba [de sus hazañas]. Cuando [su ejército fue] derrotado, él cerró la marcha. Al llegar a las puertas [de la ciudad], fustigó sus corceles diciendo: "¡No he permanecido en retaguardia por arrojo, es que mis caballos no avanzan!"».

VI-14. El Maestro dijo: «[Hoy en día,] si no se posee la elocuencia del *sacerdote Tuo* ni la belleza del *[príncipe] Zhao de Song*, difícil es evitar [la adversidad en] este mundo».

VI-15. El Maestro dijo: «¿Quién puede salir [de casa] si no es por la puerta? [Siendo así,] ¿cómo es que nadie pasa por la *vía*?».

VI-16. El Maestro dijo: «Si la naturalidad supera la civilización, se da la zafiedad. Si la civilización supera la naturalidad, se da la fatuidad. Sólo cuando civilización y naturalidad se hallan en equilibrio, [se da] la *hidalguía*».

VI-17. El Maestro dijo: «La vida del hombre es rectitud. En la vida del avieso, [sólo] la suerte evita [la desgracia]».

VI-18. El Maestro dijo: «Quien toma querencia [a la *vía*] es mejor que quien toma [de ella] conocimiento. Quien se deleita [en la vía] es mejor que quien le toma querencia».

VI-19. El Maestro dijo: «A los hombres superiores a la media puede hablarse de [cosas] elevadas. A los inferiores, no».

VI-20. *Fan Chi* preguntó acerca de la sabiduría. El Maestro dijo: «Dedicarse al bien del pueblo y respetar a ánimas y espíritus manteniéndolos a distancia puede llamarse *sabiduría*».
[Fan Chi] preguntó entonces acerca de la *humanidad*. [El Maestro] dijo: «Dar al afán prioridad sobre la ganancia puede llamarse humanidad».

VI-21. El Maestro dijo: «*El sabio halla deleite en el agua; el humano, en la montaña*. El sabio es movedizo; el *humano*, quieto. El sabio es feliz; el humano, longevo».

VI-22. El Maestro dijo: «Si *Qi* cambiara, alcanzaría [la categoría de] *Lu*. Si Lu cambiara, alcanzaría la *vía*».

VI-23. El Maestro dijo: «*Una vasija aristada sin aristas*, ¡vaya una vasija aristada!».

VI-24. *Zai Wo* preguntó: «Si a un hombre de *humanidad* se le dijera que ésta se halla en [el fondo de] un pozo, ¿iría por ella?».
El Maestro dijo: «¿Para qué? Un *hidalgo* puede que fuera [hasta el pozo], pero no se metería. Puede uno mentirle, pero no embaucarlo».

VI-25. El Maestro dijo: «El *hidalgo* amplía su *aprendizaje* con la *ilustración*, se modera con los *ritos*, de este modo no se desvía».

VI-26. El Maestro visitó a *Nanzi*. *Zilu* se mostró descontento. El Maestro exclamó: «Si no he hecho bien, ¡que el cielo me confunda! ¡Que el cielo me confunda!».

VI-27. El Maestro dijo: «¡Perfecta es la *virtud* del *justo medio*! [Sin embargo,] hace ya tiempo que escasea en los hombres».

VI-28. *Zigong* dijo: «¿Qué os parecería quien prodigara gracias al pueblo y favores a las multitudes? ¿Podría decirse que posee *humanidad*?».

El Maestro dijo: «¡Qué va a ser humanidad! ¡[Ese hombre] sería un *santo*! ¡[Ni siquiera] *Yao* y *Shun* llegarían a tanto! La humanidad [consiste en] formarse formando a los demás, lograr haciendo que logren los demás. Toma en ti mismo el ejemplo [de lo que debes hacer respecto a los demás], puede decirse que ésa es la receta de la humanidad».

LIBRO VII

VII-1. El Maestro dijo: «Transmito, no invento. Siento confianza y querencia hacia la antigüedad; [en este aspecto,] me comparo humildemente con *Lao Peng*».

VII-2. El Maestro dijo: «Grabar silenciosamente en el pensamiento, *aprender* sin saciarme, enseñar sin fatiga, *esto tengo*».

VII-3. El Maestro dijo: «No cultivar la *virtud*, no ponderar el *estudio*, advertir lo que es *justo* y no hacerlo, ser incapaz de remediar lo que está mal; estas cosas son las que me inquietan».

VII-4. [En sus momentos de] holganza, el Maestro se mostraba *apacible y risueño*.

VII-5. El Maestro dijo: «¡Qué decrepitud, la mía! ¡Cuánto tiempo hace que no he visto en sueños al *duque de Zhou*!».

VII-6. El Maestro dijo: «Aspira a la *vía*. Básate en la *virtud*. Apóyate en la *humanidad*. Recréate en las *artes*».

VII-7. El Maestro dijo: «Nunca he denegado mis enseñanzas, siempre que se haya venido [a mí] espontáneamente, [aunque no se me haya ofrecido por ello más que] un *atado de cecina*».

VII-8. El Maestro dijo: «No esclarezco más que a quien muestra esfuerzo. No inspiro más que a quien muestra anhelo. Si, cuando suscito un ángulo [de una cuestión], [el discípulo] no *deduce los tres [restantes]*, no insisto».

VII-9. Cuando el Maestro comía junto a una persona enlutada, nunca [lo hacía hasta] la saciedad. Cuando el Maestro lloraba [a un difunto], en ese día no cantaba.

VII-10. El Maestro dijo a *Yan Yuan*: «*Si te confían un cargo, desempéñalo; si te rechazan, retírate*. Sólo tú y yo somos así».

Zilu dijo: «[Y] si tuvierais el mando del ejército ¿quién os acompañaría?».

El Maestro dijo: «[Ciertamente,] no sería [uno de esos que] *arremeten inermes contra un tigre, cruzan el Río [Amarillo] sin barca* y mueren sin deplorar [su temeridad]. Habría de ser uno que afrontara los asuntos con circunspección y los llevara a cabo gracias a su sagacidad».

VII-11. El Maestro dijo: «Si la riqueza fuera digna de desvelos, me haría hasta *zurrador*. Pero, no siéndolo, hago lo que me place».

VII-12. Las cosas en que el Maestro se mostraba más prudente eran la *purificación*, la guerra y la enfermedad.

VII-13. En *Qi*, el Maestro oyó [la música] *Shao*. En tres meses, no supo el sabor de la carne. Dijo: «No imaginaba que la *música* pudiera alcanzar tal [perfección]».

VII-14. *Ran You* dijo: «¿Estará el Maestro a favor del *señor de Wei*?».

Zigong contestó: «Bien, voy a preguntárselo».

Entró y dijo: «¿Quiénes eran *Boyi* y *Shuqi*?».

[El Maestro] contestó: «Eminencias de la antigüedad».

[Zigong] insistió: «¿No deplorarían [sus hazañas]?».

[El Maestro] dijo: «Buscaban la *humanidad* y la obtuvieron. ¿Qué iban a deplorar?».

[Zigong] salió y declaró: «El Maestro no está a favor [del *señor* de Wei]».

VII-15. El Maestro dijo: «Tomar mijo basto y beber agua [fresca], usar el codo como almohada, también en esas cosas se halla deleite. Riqueza y honores, si injustos, son para mí como nubes flotantes».

VII-16. El Maestro dijo: «Si me fueran dados más años de vida, dedicaría cincuenta al estudio del *[Libro de] las mutaciones*; evitaría así cometer errores graves».

VII-17. Al leer las *Odas* y los *Documentos*, al celebrar los *ritos*, el Maestro siempre empleaba la *lengua correcta*.

VII-18. El *duque de She* preguntó a *Zilu* acerca del *Maestro Kong*. Zilu no contestó. El Maestro dijo: «¿Por qué no le has dicho?: "Es un hombre que, en su entusiasmo, olvida comer; en su alegría, olvida las inquietudes, y ni siquiera siente la vejez venir"».

VII-19. El Maestro dijo: «No he nacido con saber. Lo busco con afán en la antigüedad que tanto admiro».

VII-20. El Maestro no hablaba acerca de prodigios, de fuerza física, de desórdenes ni de espíritus.

VII-21. El Maestro dijo: «En la andadura de tres hombres siempre hay algo que me sirve de enseñanza: selecciono sus excelencias y a ellas me conformo, sus defectos y según ellos me corrijo».

VII-22. El Maestro dijo: «La *virtud* que da el cielo está en mí, ¿qué puede hacerme ese *Huan Tui*?».

VII-23. El Maestro dijo: «Hijos míos, ¿creéis que os oculto algo? Nada os oculto, comparto cuanto hago con vosotros. Así soy».

VII-24. Cuatro [aspectos] constituían las enseñanzas del Maestro: la *ilustración*, la conducta, la *lealtad* y la *sinceridad*.

VII-25. El Maestro dijo: «De no conseguir ver a un *santo*, me bastaría con ver a un *hidalgo*».

Y añadió: «De no conseguir ver a un *hombre de bien*, me bastaría con ver a uno de constancia. [Quien] pretende tener lo que no tiene y finge abundancia en la inopia, o caudal en la miseria, difícilmente será constante».

VII-26. El Maestro pescaba con anzuelo, no con red. Cuando cazaba [pájaros] con saetas de cordel, nunca disparaba a los que estaban posados.

VII-27. El Maestro dijo: «Hay, por cierto, gentes que actúan sin conocimiento. No soy de ésos. De cuanto oigo, elijo lo mejor y lo adopto. Cuanto veo, lo grabo en mi mente. Ésta es la *segunda categoría en la sabiduría*».

VII-28. Las gentes de Huxiang eran reacias a las enseñanzas [del Maestro]. [Sin embargo,] un niño tuvo con él una entrevista. Los discípulos se mostraron reticentes.

El Maestro dijo: «Celebrad que haya venido, no que se vaya. ¿Por qué tanta [desconfianza]? [Puesto que] se ha purificado para entrar, celebrad su pureza, *no os fijéis en su origen*».

VII-29. El Maestro dijo: «La *humanidad* es inaccesible? Basta con desearla para alcanzarla».

VII-30. El *ministro de justicia de Chen* preguntó si el *duque Zhao* observaba los *ritos*. El *Maestro Kong* le contestó: «Ciertamente». Cuando El Maestro Kong se retiró, [el ministro] hizo entrar a *Wuma Qi* y le dijo: «Tenía entendido que el *hidalgo* no es parcial, [pero veo que] también lo es. [Vuestro] *señor* cometió endogamia tomando por esposa a una dama de Wu y, [para ocultarlo,] le dio el nombre de Wu Mengzi. Si [vuestro] *señor* conoce los ritos, ¿quién no los conoce?».

Wuma Qi informó de ello al Maestro, quien dijo: «¡Estoy de suerte! Si cometo un error, no pasa desapercibido».

VII-31. Cuando el maestro oía a alguien cantar bien, pedía que repitiera la melodía y la coreaba.

VII-32. El Maestro dijo: «En lo que a *ilustración* se refiere, quizá sea yo como los demás. En cuanto a comportarme con *hidalguía*, es algo que todavía no he conseguido».

VII-33. El Maestro dijo: «¿Cómo voy a tener la osadía de [pretender] ser *santo* o *humano*? Cuanto puedo decir es que me afano, insaciable, y enseño, infatigable, a los demás, eso es todo».

Gonxi Hua dijo: «Eso es precisamente lo que los discípulos somos incapaces de imitar».

VII-34. El Maestro se hallaba gravemente enfermo. *Zilu* pidió una plegaria [a los espíritus].

El Maestro dijo: «¿Existe tal cosa?».

Zilu contestó: «Sí, la *oración* dice: "Rogamos por ti a los espíritus del cielo y la tierra"».

El Maestro dijo: «[No te molestes,] que ya llevo mucho tiempo rezando».

VII-35. El Maestro dijo: «El lujo conlleva soberbia. La parquedad conlleva humildad. Antes quiero ser humilde que soberbio».

VII-36. El Maestro dijo: «El *hidalgo* se halla sereno y despejado; el *villano*, ansioso y abrumado».

VII-37. El Maestro era afable aunque severo, imponente aunque no hosco, circunspecto aunque apacible.

LIBRO VIII

VIII-1. El Maestro dijo: «De *Taibo* puede decirse que alcanzó la *virtud* suprema. Por tres veces renunció al trono, sin dar al pueblo ocasión de alabarlo».

VIII-2. El Maestro dijo: «Sin los *ritos*, la deferencia se torna enojosa; la prudencia, pusilánime; el arrojo, temerario; la franqueza, insolente».

«[Si] el *hidalgo* demuestra devoción a su familia, el pueblo se verá animado a la *humanidad*. Si no abandona a sus viejas amistades, el pueblo no lo tratará con displicencia.»

VIII-3. Enfermo, el *Maestro Zeng* llamó a sus discípulos y les dijo: «*Ved mis pies, ved mis manos.* El *Libro de las odas* dice: "Temeroso y cauto, cómo al borde del abismo, como sobre frágil hielo". [Pero] en adelante, hijos míos, sé que estoy a salvo».

VIII-4. Enfermo, el *Maestro Zeng* recibió la visita del *señor Meng Jing*. El Maestro Zeng le dijo: «Cuando un pájaro se aproxima a la muerte, su canto es lastimero. Cuando un hombre se aproxima a la muerte, sus palabras son benéficas. Hay tres principios que el *hidalgo* estima: *en su porte y su ademán, evita la brutalidad y la altanería*; su grave semblante refleja la *sinceridad*; en su habla y expresión, evita la vulgaridad y el despropósito. *[En cuanto a] los detalles rituales*, hay encargados para ello».

VIII-5. El *Maestro Zeng* dijo: «Ser talentoso y consultar a quienes no lo son, tener mucho y consultar a quienes tienen poco, poseer como si nada se poseyera, ser plenitud que semeja vacío, recibir una ofensa sin sulfurarse por ello; *antaño tenía un amigo* que cultivaba esta actitud».

VIII-6. El *Maestro Zeng* dijo: «[Un hombre a quien] se pudiera confiar la crianza de un *huérfano de seis palmos* o encargar el mandato de [un señorío de] *cien li* sin que una situación crítica le quebrantara el ánimo, ¿sería un *hidalgo*? Ciertamente, lo sería».

VIII-7. El *Maestro Zeng* dijo: «Un *letrado* no puede prescindir de magnanimidad y firmeza, que la carga es pesada y el camino es largo. Su carga es la *humanidad*, ¿acaso no es pesada? No halla alivio hasta la muerte, ¿acaso no es largo [el camino]?».

VIII-8. El Maestro dijo: «Iníciate con el *Libro de las odas*, consolídate con los *ritos*, complétate con la *música*».

VIII-9. El Maestro dijo: «Se puede hacer que el pueblo siga [la *vía*], pero no que la comprenda».

VIII-10. El Maestro dijo: «Se desmandará quien tienda al arrojo y sufra de pobreza. También quien carezca de *humanidad* y sufra sobremanera».

VIII-11. El Maestro dijo: «Si uno posee los excelentes talentos del *duque de Zhou* pero es soberbio y mezquino, sus cualidades no son dignas de consideración».

VIII-12. El Maestro dijo: «Es excepcional que alguien que haya *estudiado* durante tres años *no llegue a ser bueno*».

VIII-13. El Maestro dijo: «Afirma tu confianza y ama el *estudio*, cultiva la *vía* hasta la muerte. No vayas a un ducado en situación precaria, ni permanezcas en uno conmocionado. Cuando bajo el cielo reina la vía, manifiéstate, cuando se pierde, retírate. Cuando un ducado sigue la vía, pobreza y oscuridad son deshonrosas. En un ducado desviado, riqueza y honores son deshonrosos».

VIII-14. El Maestro dijo: «Quien no ocupa un cargo oficial no ha de aspirar a ejercer su política».

VIII-15. El Maestro dijo: «Cuando el *Maestro Zhi* empezó la última parte de la *oda Guanju*, ¡qué intensidad! ¡Cómo inundaba los oídos!».

VIII-16. El Maestro dijo: «Extravagancia sin tan siquiera rectitud, inconsciencia sin tan siquiera honestidad, vacuidad sin tan siquiera buena fe, son cosas que no concibo».

VIII-17. El Maestro dijo: «Aprender es como [perseguir] lo inalcanzable, temiendo perder [lo adquirido]».

VIII-18. El Maestro dijo: «¡Qué sublime eminencia, la de *Shun* y *Yu*! Tenían todo bajo el cielo sin participar de ello».

VIII-19. El Maestro dijo: «¡Qué grandeza, la soberanía de *Yao*! ¡Qué sublime eminencia! ¡Sólo el cielo es [verdaderamente] grande, y sólo Yao estaba a su altura! ¡Tal era su magnanimidad que el pueblo no pudo darle nombre! ¡Sublimes fueron sus obras! ¡Espléndido, su protocolo!».

VIII-20. Shun [sólo] tenía a su servicio cinco hombres [de valía], pero el orden y la prosperidad reinaban bajo el Cielo. El *rey Wu*, a su decir, tenía diez hombres de buen gobierno.

El *Maestro Kong* dijo: «Los grandes talentos escasean, ¿no es así? Comparada con [las soberanías de] *Yao* y Shun juntas, aquélla [de Wu] era de gran abundancia. [Aun así, Wu no tuvo a su servicio más que diez hombres capaces, mejor dicho] sólo nueve, pues había una mujer. [El *rey Wen*] poseía dos tercios de cuanto hay bajo el cielo, y [pese a ello] sirvió a los *Yin*. Puede decirse que la *virtud* de [la dinastía] *Zhou* fue perfecta».

VIII-21. El Maestro dijo: «No veo defecto alguno en *Yu*. Comía y bebía con frugalidad, pero [ofrendaba con] espléndida devoción a los espíritus. Vestía toscos ropajes, pero la túnica y el tocado de ceremonias eran de extrema magnificencia. Vivía en una humilde morada, pero dedicó todo su esfuerzo a [la construcción de] canales y acequias. No veo defecto alguno en Yu».

LIBRO IX

IX-1. El Maestro *hablaba poco del provecho*: daba preferencia al *mandato del cielo* y a la *humanidad*.

IX-2. Un habitante del pueblo de Daxiang dijo: «¡Qué grande es el *Maestro Kong*! Pese a la amplitud de su saber, nada ha hecho que merezca fama». Al oírlo dijo el Maestro a sus discípulos: «Y ¿a qué podría dedicar mi esfuerzo? ¿A la *conducción de carro*? ¿Al *tiro al arco*? ¡Me dedicaré a la conducción de carro!».

IX-3. El Maestro dijo: «El tocado de lino es lo que mandan los *ritos*. Hoy en día, se hace de seda, que es más barata. [En este aspecto,] sigo la corriente. Hacer una [primera] reverencia [al soberano] antes de subir a la sala [de audiencia] es lo que mandan los ritos. Hoy en día, se hace una vez arriba, y es arrogancia. Seguiré haciéndola abajo, aun yendo contra corriente».

IX-4. Hay cuatro cosas de las que carecía el Maestro: la arbitrariedad, las ideas categóricas, la contumacia, la petulancia.

IX-5. *Acorralado en Kuang*, el Maestro dijo: «Tras la muerte del *rey Wen*, ¿no se halla aquí, [en mí,] la civilización? Si el cielo hubiera querido que muriera esta civilización, el mortal que soy no participaría de ella. Si el cielo no [desea que] muera esta civilización, ¿qué pueden hacerme las gentes de Kuang?».

IX-6. El gran ministro preguntó a *Zigong*: «¿Es vuestro Maestro un *santo*? ¿Cómo es que posee tantas habilidades?». Zigong contestó: «En verdad, el cielo lo ha dotado de santidad y, además, de muchas habilidades».

Al oírlo, dijo el Maestro: «¡El gran ministro me conoce! Tuve una infancia humilde, por eso tengo tantas habilidades artesanas. ¿Ha de tener tantas el *hidalgo*? Ciertamente, no».

Lao dijo: «El Maestro decía: "Por no tener cargo tengo tanta maña"».

IX-7. El Maestro dijo: «¿Que tengo saber? ¡Qué voy a tenerlo! *Un aldeano me hizo una pregunta*, y no encontré contestación alguna. Examiné la cuestión de cabo a rabo y me di por vencido».

IX-8. El Maestro dijo: «*No viene el fénix*, del Río [Amarillo] no emerge un *diagrama*, ¡estoy acabado!».

IX-9. Al ver a alguien con ropas de luto o de ceremonia, o a un ciego, y aunque fueran más jóvenes, el Maestro se ponía en pie. Y, si se cruzaba con ellos, *apresuraba el paso*.

IX-10. *Yan Yuan* exclamó, suspirando: «Cuanto más admiro [la *vía* del Maestro,] más elevada me parece. Cuanto más trato de ahondar en ella, más se me resiste. Tan pronto como creo verla ante mí, aparece detrás. El Maestro me guía paso a paso, amplía mis conocimientos con la *ilustración*, me modera con los *ritos*. Aunque deseara detenerme, ya no podría. Cuando mi capacidad está a punto de agotarse, diríase que [su vía] se yergue, sublime. Y aunque deseo seguirla, aún no he encontrado el acceso».

IX-11. Estando el Maestro gravemente enfermo, *Zilu* dispuso que los discípulos actuaran como *palaciegos*. Sintiéndose mejor, el Maestro dijo: «¡Ya está bien de simulacros, *You*! ¿A quién voy a engañar, fingiendo tener palaciegos que no tengo? ¿Al cielo? Además, mejor que morir en brazos de palaciegos, ¿no sería morir en los de mis discípulos? Y aunque no tenga un gran funeral, ¿acaso moriré en la calle?».

IX-12. *Zigong* dijo: «Si tuvierais un *jade perfecto*, ¿lo guardaríais en un arca o buscaríais un buen comprador?».
El Maestro le contestó: «Lo vendería, por cierto. [Pero] esperaría al mercader que lo apreciara».

IX-13. El Maestro quería instalarse entre los *nueve pueblos bárbaros del este*. Alguien le dijo: «Son salvajes. ¿Qué haríais allí?».
El Maestro contestó: «Viviendo entre ellos un *hidalgo*, ¿qué salvajismo tendrían?».

IX-14. El Maestro dijo: «Sólo *tras mi regreso de Wei a Lu* fue arreglada la *música*. Las *Odas de la corte* y las *Loas* ocuparon el lugar que les correspondía».

IX-15. El Maestro dijo: «De puertas afuera, he servido al duque y a los ministros; de puertas adentro, a mi padre y mi hermano mayor. En el culto a los difuntos, nunca he osado ser negligente. Tampoco me he dado a la bebida. *Esto tengo*».

IX-16. En una ribera, dijo el Maestro: «[Todo] pasa, como estas [aguas], noche y día, sin cesar».

IX-17. El Maestro dijo: «Aún no he visto a quien ame la *virtud* tanto como la belleza física».

IX-18. El Maestro dijo: «Es como erigir un túmulo: si me detengo cuando no falta más que una espuerta [de tierra] para acabarlo, mío será el detenimiento. O como allanar el suelo: aunque sólo haya vertido una espuerta [de tierra], si persevero, progresaré».

IX-19. El Maestro dijo: «Si alguien atendía a mis palabras sin distraerse, ése era *Hui*».

IX-20. El Maestro dijo acerca de *Yan Yuan*: «¡Qué lástima! *He visto su progreso, mas no su llegada*».

IX-21. El Maestro dijo: «Hay brotes que no llegan a florecer, flores que no llegan a fructificar».

IX-22. El Maestro dijo: «Los jóvenes son dignos de reverencia, pues ¿cómo sabemos si el porvenir no igualará el presente? [Sólo] quien llega a los cuarenta o cincuenta *sin experiencia* no merece ser reverenciado».

IX-23. El Maestro dijo: «Las palabras ejemplares ¿pueden no ser acatadas? [Sin embargo,] lo esencial es enmendarse en consecuencia. Las palabras complacientes, ¿pueden no producir regocijo? [Sin embargo,] lo esencial es desentrañar [su auténtico significado]. Nada puedo por quien se regocija sin reflexionar o acata sin enmendarse».

IX-24. El Maestro dijo: «Ten por principio *lealtad* y *sinceridad*. No cultives más amistad que la de aquél de tu misma valía. Si yerras, no temas enmendarte».

IX-25. El Maestro dijo: «Se puede arrebatar el jefe a un ejército; pero no se puede arrebatar la voluntad, ni siquiera al hombre más humilde».

IX-26. El Maestro dijo: «Si alguien vestido con raída tú-

nica de estopa puede hallarse entre gentes con pieles de zorro y de tejón sin sentirse avergonzado, ése es *You*. *"No envidia ni codicia, ¿en qué no es excelente?"»*.

[Ufano,] *Zilu* recitaba sin cesar estos versos. El Maestro
dijo: «¿Crees que así es como llegarás a ser excelente?».

IX-27. El Maestro dijo: «Sólo cuando el año enfría ad-
vertimos que el pino y el ciprés son los últimos en marchi-
tarse».

IX-28. El maestro dijo: «El *sabio* carece de incertidumbre;
el humano carece de desasosiego; el valiente carece de temor».

IX-29. El Maestro dijo: «Hay gente con quien puede uno
estudiar, pero no ajustarse a la *vía*; con quien puede uno ajustarse a la vía, pero no consolidarse; con quien puede uno consolidarse, pero no adquirir ponderación».

IX-30. «Las flores del ciruelo revuelan trémulas. ¿Cómo
podría no pensar en ti? ¡Pero vives tan lejos!».
El Maestro dijo: «*Si [realmente] pensara en ella, ¿qué im-
portaría la distancia?»*.

LIBRO X

X-1. En su tierra natal, el *Maestro Kong* se mostraba complaciente, deferente, casi incapaz de hablar. [Pero] en el *templo mayor* o en la corte, hablaba con soltura y fluidez, aunque también con circunspección.

X-2. En la corte, con los ministros subalternos, hablaba con cordialidad; con los grandes oficiales, hablaba con prudencia. En presencia del *señor*, hablaba con reverencia, digno y grave.

X-3. Cuando el *señor* le encargaba la recepción de un visitante, adoptaba un semblante grave y *apresuraba el paso*. Saludaba a los presentes juntando las manos e inclinándose a diestra y siniestra. [Los pliegues de] su túnica oscilaban hacia delante y hacia atrás, ordenadamente. Avanzaba con prontitud y prestancia. Una vez que el visitante se retiraba, [el Maestro] informaba de ello diciendo: «El huésped ya no se gira».

X-4. Al entrar en palacio, se inclinaba como si no pudiera pasar por la puerta. Al erguirse, no permanecía en medio de la entrada y, al avanzar, no pisaba el umbral. Al pasar ante el trono, adoptaba un semblante grave y *apresuraba el paso*, parecía carecer de habla. Subía a la sala [de audiencia] sosteniendo los faldones de su túnica y se inclinaba, conteniendo el aliento como si no respirara. Al salir, descendiendo ya el primer peldaño, su expresión se distendía y recobraba su placidez. Al llegar al final de la escalinata, regresaba con prontitud y prestancia a su puesto, donde [retomaba una actitud] reverente.

X-5. Cuando llevaba la *tablilla de jade*, se inclinaba, como abrumado por el peso. La elevaba como en un saludo y la descendía como en una ofrenda. Adoptaba una actitud reverente y andaba con paso prieto, como si hubiera tenido que ir pisando una línea. En la ofrenda de los presentes rituales se mostraba efusivo. En las visitas privadas, afable y alegre.

X-6. *El hidalgo no utilizaba* orlas de color *cárdeno* ni *morado*. No vestía, en privado, ropas de color *rosado* ni *púrpura*. En verano, vestía frescos ropajes de hilo fino o grueso, siempre sobrepuestos [a otra prenda]. Con una túnica negra, [usaba] *pieles de cordero*; con una túnica blanca, pieles de cervato; con una túnica amarilla, pieles de zorro. Las túnicas de pieles que vestía en privado eran largas, pero con la manga derecha corta [para mayor comodidad en sus quehaceres]. *Su camisa de dormir tenía medio largo más que el torso.* Reservaba para la vida privada las gruesas pieles de zorro o de tejón. Fuera del período de duelo, podía llevar cualquier *colgante prendido a la cintura*. Aparte de su *falda [de ceremonia]*, todas las demás eran *recortadas*. No utilizaba *pieles de cordero* ni *tocado negro* en las visitas de condolencia. En el *primer día de cada mes*, vestía sus ropajes de ceremonia para acudir a la corte.

X-7. Durante la *purificación*, llevaba la túnica lustral, que era de hilo. Cambiaba de dieta y de estancia.

X-8. No desdeñaba el arroz limpio ni la carne o el pescado finamente [troceados]. [En cambio,] no probaba arroz enmohecido, ni pescado pasado, ni carne rancia, ni alimento que tuviera mal color, que hediera, que no estuviera cocido a punto, que no estuviera en sazón, que estuviera mal cortado o inadecuadamente condimentado. Por abundante que fuera la carne, ésta nunca podía exceder en proporción la cantidad de arroz. Sólo para el vino no había medida, [si bien] nunca llegaba al exceso. No probaba vino ni cecina del mercado. No evitaba el gengibre, [pero] lo consumía con moderación. *Cuando había sacrificio en la corte*, no conservaba la carne hasta el día siguiente, ni más de tres días la de los sacrificios corrientes. Si [la carne] tenía más de tres días, no la probaba. No hablaba mientras comía, ni una vez en la cama. Aunque no tuviera para comer más que arroz basto o sopa de verdura, antes ofrendaba con reverencia [a los antepasados].

X-9. Si la estera no estaba bien tendida, no se sentaba en ella.

X-10. Cuando los aldeanos celebraban un banquete, él no se retiraba hasta que lo hubieran hecho los más ancianos. Cuando los aldeanos practicaban el *exorcismo*, él se mantenía, en atavío de cortesano, en las gradas del este.

X-11. Cuando enviaba saludos a alguien de otro ducado, hacía dos reverencias antes de despedir al mensajero.

Cuando el *señor [Ji] Kang* le envió un medicamento, él lo aceptó con una reverencia, diciendo: «*No estoy a la altura, no me atrevo a probarlo*».

X-12. [Un día,] ardieron las cuadras. A su regreso de la corte, el Maestro dijo: «¿Hay heridos?», y *no preguntó por los caballos*.

X-13. Cuando el soberano le enviaba un presente de comida preparada, lo probaba primero, sentado en su estera bien tendida. Cuando le enviaba carne cruda, mandaba prepararla antes de presentarla [a los antepasados]. Cuando le enviaba una bestia viva, la criaba.

Cuando asistía a un banquete en la corte, y el soberano ofrendaba, [el Maestro] cataba antes los manjares.

Cuando yacía enfermo, y el *señor* iba a visitarlo, [el Maestro] se colocaba *con la cabeza hacia el oriente* y se echaba por encima su vestido de cortesano y su cinto.

Cuando el *señor* mandaba llamarlo, [el Maestro] acudía sin esperar a que engancharan los caballos.

X-14. Cuando entraba en el *templo mayor*, lo preguntaba todo.

X-15. Cuando un amigo murió sin familia, [el Maestro] dijo: «Yo me encargaré del entierro».

Cuando un amigo le enviaba un presente, aunque se tratara de un carro y caballos, no siendo carne para las ofrendas, no se prosternaba.

X-16. Acostado, no [yacía rígido como un] cadáver. *Sentado, [su postura] no era rigurosa.*

Cuando [el Maestro] veía a alguien de luto, por familiar que fuera, [su semblante] se demudaba. Cuando veía a alguien con tocado de ceremonia o a un ciego, por sencillo que fuera, se mostraba respetuoso. Cuando iba en carro, saludaba con una inclinación a quien fuera enlutado o llevara los registros [oficiales].

Cuando [le presentaban] abundantes manjares, se levantaba, turbado, [para dar las gracias].

También se demudaba su semblante cuando oía el *fragor del trueno o del vendaval.*

X-17. Cuando subía al carro, lo hacía manteniéndose erguido y agarrando el asidero. Una vez dentro, no miraba a su

alrededor, no hablaba precipitadamente ni señalaba con el
dedo.

X-18. *Asustado, se eleva, revuela y se posa.*

[El maestro] dijo: «La faisana del puente de la montaña,
¡qué oportuna! ¡Qué oportuna!».

Zilu saludó respetuosamente [al pájaro], se prosternó por
tres veces [dando con la frente en el suelo], y se levantó.

LIBRO XI

XI-1. El Maestro dijo: «*El plebeyo empieza por progresar en los ritos y la música*, el *hidalgo* progresa en ello más tarde. Si se trata de emplear a alguien, prefiero a los que empiezan por progresar».

XI-2. El Maestro dijo: «De cuantos me siguieron en *Chen* y en Cai *ninguno llega ya a [mi] puerta*».
En *virtud* [destacaban] *Yan Yuan, Min Ziqian, Ran Boniu* y *Zhonggong*. En elocuencia, *Zai Wo* y *Zigong*. En gobierno, *Ran You* y *Ji Lu*. En *ilustración, Ziyou* y *Zixia*.

XI-3. El Maestro dijo: «*Hui* no me ayuda: en lo que digo no encuentra nada que le disguste».

XI-4. El Maestro dijo: «¡Qué *piedad filial*, la de *Min Ziqian*! Nadie pone en duda [el bien] que de él dicen sus padres y hermanos».

XI-5. *Nan Rong* repetía con frecuencia [los versos acerca de] la *tablilla de jade blanco*: [“Una mácula en la tablilla de jade blanco puede ser limada. Una mácula en las palabras no tiene remedio”]. El *Maestro Kong* le dio la hija de su hermano mayor en casamiento.

XI-6. El *señor Ji Kang* preguntó cuál de los discípulos tenía más afán de aprender. El *Maestro Kong* le contestó: «Era *Yan Hui*. Desgraciadamente, murió tras una vida corta. Ahora ya no queda nadie [así]».

XI-7. Cuando *Yan Yuan* murió, *Yan Lu*, [su padre,] pidió al Maestro su carro para conseguir [a cambio] un *féretro exterior*. El Maestro dijo: «Cada cual habla de sus hijos, tengan éstos talento o no. Cuando murió [mi hijo] *Li*, tuvo un ataúd, pero no un féretro exterior. No fui a pie para que lo tuviera. *Habiendo sido del séquito de los grandes oficiales*, sería inaceptable que fuera a pie».

XI-8. Cuando murió *Yan Yuan*, el Maestro dijo: «¡Ay, el cielo me aniquila, el cielo me aniquila!».

XI-9. Cuando murió *Yan Yuan*, El Maestro lloró con extremada aflicción. Sus discípulos dijeron: «¿Tan grande es vuestro dolor?». El Maestro contestó: «¡Inmenso! ¿Por quién voy a sentir tanta aflicción si no es por este hombre?».

XI-10. Cuando murió *Yan Yuan*, los discípulos quisieron hacer un gran funeral. El Maestro dijo: «Sería inconveniente».
[De todos modos,] los discípulos hicieron un gran funeral. El Maestro dijo: «Hui me consideraba como a un padre. *Yo, [en cambio,] no he podido tratarlo como a un hijo*, y no por mí, sino por vosotros».

XI-11. *Ji Lu* preguntó cómo servir a los espíritus. El Maestro le dijo: «No siendo aún capaz de servir a los hombres, ¿cómo se puede servir a los espíritus?».
[Zilu] prosiguió: «¿Puedo preguntaros acerca de la muerte?». [El Maestro] dijo: «No conociendo aún la vida, ¿qué se puede saber de la muerte?».

XI-12. Cuando el *señor Min* acompañaba al Maestro, lo hacía con prudencia; *Zilu*, con marcialidad; *Ran You* y *Zigong*, con cordialidad. El Maestro estaba complacido. [*No obstante, dijo en una ocasión*:] «*You* no tendrá buena muerte».

XI-13. Las gentes de Lu rehicieron el *almacén mayor*. *Min Ziqian* preguntó: «¿Por qué no hacerlo como antes? ¿Qué necesidad hay de modificarlo?».

El Maestro dijo: «Este hombre no habla, [pero] cuando lo hace, da en el blanco».

XI-14. El Maestro dijo: «¿Qué hace la *cítara de You* en mi casa?». Los discípulos dejaron [entonces] de respetar a *Zilu*. El Maestro dijo: «You *ha accedido a la sala, pero todavía no ha entrado en los aposentos*».

XI-15. *Zigong* preguntó quién, entre *Shi* y *Shang*, era mejor. El Maestro dijo: «Shi se excede, Shang no alcanza».

[Zigong] aventuró: «Entonces, ¿es mejor Shi?».

El Maestro dijo: «Excederse viene a ser lo mismo que no alcanzar».

XI-16. El *señor Ji* era más rico que el *duque de Zhou* y, pese a ello, *Qiu* se dedicaba a recaudar impuestos para él, aumentando así su fortuna. El Maestro dijo: «Ya no es mi discípulo. Hijos, criticadlo al redoble del tambor, os lo permito».

XI-17. *Chai* era necio; *Shen*, lerdo; *Shi*, parcial; *You*, rudo.

XI-18. El Maestro dijo: «*Hui* era casi [perfecto] y, sin embargo, vivió con frecuencia en la miseria. *Ci* no aceptó su suerte y se dedicó a hacer caudal. Sus estimaciones suelen ser acertadas».

XI-19. *Zizhang* preguntó acerca de la *vía* del *hombre de bien*. El Maestro le contestó: «*Ni sigue huellas*, ni entra en los aposentos».

XI-20. El Maestro dijo: «Verdad es que su discurso es serio, pero ¿es realmente *hidalgo* o su dignidad es fingida?».

XI-21. *Zilu* preguntó: «¿Hay que llevar [inmediatamente] a la práctica lo aprendido?».

El Maestro contestó: «Mientras vivan tu padre y tu hermano mayor, ¿cómo puedes poner [inmediatamente] en práctica lo aprendido?».

Ran You preguntó lo mismo. El Maestro le contestó: «Lleva a la práctica lo aprendido [sin demora]».

Gongxi Hua dijo: «Cuando *You* preguntó si debía llevar [inmediatamente] a la práctica lo aprendido, le contestasteis que no en vida de su padre y su hermano mayor. Cuando *Qiu* os hizo la misma pregunta, le dijisteis que lo llevara a la práctica [sin demora]. Estoy perplejo. ¿Puedo pediros una explicación?».

El Maestro dijo: «Qiu es retraído, por eso lo hago avanzar. You tiene arrojo por dos, por eso lo arredro».

XI-22. El Maestro se vio *acorralado en Kuang*. Cuando *Yan Yuan*, rezagado, [llegó,] el Maestro exclamó: «¡Creí que habías muerto!» [Yan Yuan] le contestó: «En vida del Maestro, ¿cómo podría yo tener la osadía de morir?».

XI-23. *Ji Ziran* preguntó: «¿Puede decirse que *Zhong You* y *Ran Qiu* son grandes cortesanos?».

El Maestro dijo: «Creía que ibais a preguntarme algo extraordinario, y resulta que me preguntáis por *You* y *Qiu*. Se puede considerar gran cortesano a uno que sirve al *señor* según la *vía* y se retira si no puede [conseguirlo]. You y Qiu pueden ser considerados como cortesanos suplementarios».

[Ji Ziran] preguntó: «En ese caso, ¿son obedientes?».

El Maestro dijo: «No hasta el punto de asesinar a su padre o a su *señor*».

XI-24. *Zilu* nombró a *Zigao* gobernador de Bi. El Maestro dijo: «Eso es perjudicarlo».

Zilu replicó: «Tendrá a su cargo a las gentes del pueblo, [las ceremonias] a los espíritus de la tierra y de los cereales. ¿Por qué no considerar estudio más que cuanto se lee en los libros?».

El Maestro dijo: *«Por eso me irritáis los ingeniosos».*

XI-25. *Zilu, Zeng Xi, Ran You* y *Gongxi Hua* estaban sentados junto al Maestro. Éste dijo: «Olvidad por un instante que soy mayor que vosotros. Soléis decir: "Nadie reconoce mi valía". Si reconocieran vuestra valía, ¿qué haríais?».

Zilu contestó vehemente: «En un *señorío de mil carros* [de guerra] que se hallara acorralado entre dos grandes ducados, que sufriera invasiones y hambruna, si yo tuviera el gobierno, en tres años daría [a sus gentes] brío y buena guía».

El Maestro sonrió: «¿Y tú, *Qiu*?».

Éste contestó: «En un territorio de sesenta o setenta *li*, incluso en uno de cincuenta o sesenta, si yo tuviera el gobierno, en tres años podría hacer que el pueblo prosperara. En cuanto a los *ritos* y la *música*, los dejaría en manos de un *hidalgo*».

«¿Y tú, *Chi*?» Éste contestó: «No digo que sea capaz de ello, pero desearía aprender lo siguiente: en las ofrendas del *templo mayor* y en las asambleas de la corte, vestido con túnica y tocado de ceremonia, quisiera ser un humilde oficiante».

«¿Y tú, *Dian*?»

Éste había estado tañendo tenuemente la cítara. [Tras un último] son, dejó el instrumento y se levantó, diciendo: «Mis designios difieren de los de los demás».

El Maestro replicó: «¿Qué mal hay en ello? Que cada cual hable de sus aspiraciones».

[Dian] dijo: «Al final de la primavera, con el atavío estacional completo, en compañía de cinco o seis hombres y de seis o siete donceles, desearía bañarme en el río Yi, refrescarme con la brisa en la *terraza de la Danza de la Lluvia* y regresar cantando».

Confucio lanzó un suspiro y dijo: «Estoy con Dian».

Cuando salieron los demás discípulos, *Zeng Xi* se quedó y dijo: «¿Qué os parece lo que han dicho los otros tres?».

El Maestro dijo: «Cada cual ha expresado sus aspiraciones, eso es todo».

[Zeng] insistió: «¿Por qué sonreísteis [cuando habló] *You*?». El Maestro contestó: «Un señorío se gobierna mediante los ritos, sin embargo su discurso era presuntuoso, por eso sonreí».

[Zeng replicó:] «*Qiu*, en cambio, no aspiraba a un señorío, ¿no es así?».

[El Maestro dijo:] «¿Dónde se ha visto un territorio bien de sesenta o setenta *li*, bien de cincuenta o sesenta, que no sea un señorío?».

[Zeng prosiguió:] «[Entonces,] ¿Chi era el único que no aspiraba a un señorío?».

[El Maestro dijo:] «¿Puede haber *templo mayor* y asambleas en la corte, sin que haya señor? Si la función de Chi tuviera que ser humilde, ¿de quién sería la importante?».

LIBRO XII

XII-1. *Yan Yuan* preguntó acerca de la *humanidad*. El Maestro dijo: «Templarse y volver a los *ritos*, en eso consiste. Por poco que pueda uno realizarlo, [verá] todo bajo el cielo avenirse a su humanidad. ¿La humanidad depende de uno mismo o de los demás?».

Yan Yuan dijo: «Dadme, os lo ruego, alguna pauta».

El Maestro dijo: «No mires nada contrario a los ritos, no escuches nada contrario a los ritos, no digas nada contrario a los ritos ni hagas nada contrario a los ritos».

Yan Yuan dijo: «Pese a mi falta de perspicacia, trataré de hacer lo que decís».

XII-2. *Zhonggong* preguntó acerca de la *humanidad*. El Maestro dijo: «De puertas afuera, compórtate como ante un huésped dignatario. Dirige al pueblo como si de celebrar una gran ceremonia se tratase. Lo que no desees para ti, no lo impongas a los demás. Que no haya descontento ni en el señorío, ni en el feudo».

Zhongong dijo: «Pese a mi falta de perspicacia, trataré de hacer lo que decís».

XII-3. *Sima Niu* preguntó acerca de la *humanidad*. El Maestro contestó: «El humano es parco en palabras».

[Sima Niu] replicó: «¿Tan sólo en eso consiste la humanidad? ¿En ser parco en palabras?».

El Maestro dijo: «¿Puede hablarse con ligereza de lo que difícilmente se lleva a la práctica?».

XII-4. *Sima Niu* preguntó por el *hidalgo*. El Maestro contestó: «El hidalgo no tiene inquietud ni temor».

[Sima Niu] replicó: «¿Tan sólo en eso consiste la hidalguía? ¿En no tener inquietud ni temor?».

El Maestro dijo: «Si en su introspección no encuentra motivo de pesar, ¿qué inquietudes y temores puede tener?».

XII-5. *Sima Niu* se lamentó: «Todo el mundo tiene hermanos, salvo yo». *Zixia* le contestó: «Dicen que "vida y muerte obedecen al *mandato*, riqueza y honores dependen del *cielo*". Si el *hidalgo* cumple su cometido a consciencia y sin falla, si con el prójimo es respetuoso y cortés, en este mundo, todos serán hermanos. ¿Ha de preocuparse un hidalgo por no tener hermanos?».

XII-6. *Zizhang* preguntó acerca de la clarividencia. El Maestro dijo: «De aquél a quien no afectan la influencia de las calumnias ni la mordacidad de las acusaciones, ciertamente, puede decirse que es clarividente. De aquél a quien no afectan la influencia de las calumnias ni la mordacidad de las acusaciones, puede incluso decirse que es previdente».

XII-7. *Zigong* preguntó en qué consistía el gobierno. El Maestro dijo: «En tener suficiente alimento, suficiente armamento y la confianza del pueblo».

Zigong prosiguió: «Si no quedara más remedio que renunciar a una de esas tres cosas, ¿cuál sería?».

El Maestro contestó: «El armamento».

Zigong insistió: «Y si no quedara más remedio que renunciar a una de las dos restantes, ¿cuál sería?».

El Maestro dijo: «El alimento. Todo el mundo ha de morir, así ha sido siempre, pero, sin la confianza del pueblo, [el gobierno] carecerá de fundamento».

XII-8. *Ji Zicheng* dijo: «El que es *hidalgo* lo es por esencia, ¿para qué [el adorno de] la *ilustración*?».

Zigong contestó: «*Lamento que habléis así del hidalgo*, señor. Tenéis la lengua más rápida que una cuadriga. La ilustración cuenta tanto como la esencia, la esencia cuenta tanto como la ilustración. Despojadas de su pelaje, las pieles del tigre o de la pantera en nada se diferencian de las del perro o del carnero».

XII-9. El *duque Ai* consultó a *You Ruo*: «La cosecha de este año ha sido mala, nos faltan recursos, ¿qué se puede hacer?».

You Ruo sugirió: «¿Por qué no imponer el diezmo?».

[El duque] contestó: «Ni recaudando el doble tendría suficiente, ¿de qué serviría el diezmo?».

[You Ruo] dijo: «Si el pueblo vive en la abundancia, ¿cómo va el señor a estar en la penuria? Si el pueblo está en la penuria, ¿cómo va el señor a vivir en la abundancia?».

XII-10. *Zizhang* preguntó [cómo] enaltecer la *virtud* y discernir el ofuscamiento. El Maestro dijo: «Ten por principio la *lealtad* y la *sinceridad*, obra según *justicia*, eso es enaltecer la virtud. Uno desea la vida de lo que ama y la muerte de lo que odia. Desear a un tiempo ambas cosas es ofuscación. *"Sin duda no es por su riqueza, sino por variar"*».

XII-11. El *duque Jing* de *Qi* preguntó al *Maestro Kong* acerca del gobierno. El Maestro Kong dijo: «*Que el señor sea señor; el vasallo, vasallo; el padre, padre; y el hijo, hijo*».

El duque exclamó: «¡Excelente! Si el *señor* no es *señor*, el vasallo no es vasallo, el padre no es padre y el hijo no es hijo, por abundantes que fueran las mieses, ¿llegaría yo a disfrutarlas?».

XII-12. El Maestro dijo: «Si hay alguien capaz de emitir un juicio *en pocas palabras* en caso de litigio, ése es *You*».

Zilu nunca trasnocha [el cumplimiento de] sus promesas.

XII-13. El Maestro dijo: «Para dictaminar en un litigio, valgo lo que cualquier otro. [Pero] lo que hace falta es que no haya litigio alguno».

XII-14. *Zizhang* preguntó acerca del gobierno. El Maestro dijo: «Ejerce tus funciones sin fatiga, actúa con *lealtad*».

XII-15. El Maestro dijo: «Amplía tu *aprendizaje* con la *ilustración*, modérate con los *ritos* y no te desviarás».

XII-16. El Maestro dijo: «El *hidalgo* perfecciona las excelencias del hombre, no sus vicios. El *villano* hace lo contrario».

XII-17. El *señor Ji Kang* preguntó al *Maestro Kong* acerca del gobierno. El Maestro Kong contestó: «*Gobierno es rectitud*. Si sois recto, ¿quién osará no serlo?».

XII-18. El *señor Ji Kang*, preocupado por los [numerosos] bandidos, pidió consejo al *Maestro Kong*. El Maestro Kong contestó: «Si no tuvierais codicia, aunque les pagarais por robar, no lo harían».

XII-19. El *señor Ji Kang* preguntó al *Maestro Kong* acerca del gobierno, diciendo: «¿Qué os parecería si matara a los corruptos en favor de los honrados?».
El Maestro Kong contestó: «Para gobernar, señor, ¿de qué os serviría matar? Desead el bien, y el pueblo será bueno. La virtud del *hidalgo* es viento, la virtud del *villano*, hierba. Cuando el viento sopla sobre la hierba, la doblega».

XII-20. *Zizhang* preguntó: «¿En qué se puede considerar que un *letrado* es eminente?».

El Maestro dijo: «¿Qué entiendes por "eminente"?».

Zihang contestó: «Tener buena fama en el ducado, tener buena fama en el feudo».

El Maestro dijo: «Esto es ser afamado, no eminente. La eminencia [exige] una naturaleza recta y amor a la *justicia*, examinar las palabras [de un interlocutor], escrutar su semblante, pensar en comportarse con humildad. [De este modo,] se es eminente en el ducado y en el feudo. En cuanto a la fama, si adoptas un semblante *humano* y lo desmientes en actos, y así perseveras sin vacilar, ganarás fama en el ducado y en el feudo».

XII-21. *Fan Chi*, de paseo ante la *terraza de la Danza de la Lluvia*, dijo: «¿Puedo preguntaros [cómo] enaltecer la *virtud*, corregir la perversión y discernir el ofuscamiento?». El Maestro dijo: «¡Buena pregunta, en verdad! ¿No enaltece la virtud dar al esfuerzo prioridad sobre el logro? ¿No corrige la perversión criticar los defectos de uno mismo y no los de los demás? ¿No es ofuscación arriesgar la vida de uno, o la de los padres, por un arrebato?».

XII-22. *Fan Chi* preguntó qué es la *humanidad*. El Maestro dijo: «Amar al hombre».

[Fan Chi] preguntó [entonces] acerca de la *sabiduría*. El Maestro dijo: «Conocer al hombre».

Fan Chi no entendió. El Maestro añadió: «Promover al íntegro, apartar al injusto, de modo que el injusto se torne íntegro».

Fan Chi se retiró y, al ver a *Zixia*, le dijo: «Hace un momento tuve una conversación con el Maestro y le pregunté qué es la *sabiduría*. El Maestro me contestó: "'Promover al íntegro, apartar al injusto, de modo que el injusto se torne íntegro". ¿Qué habrá querido decir?».

Zixia le dijo: «¡Qué riqueza, en estas palabras! Siendo

Shun dueño de cuanto hay bajo el cielo, escogió entre la multitud, promovió a *Gao Yao* [al rango de ministro], y la inhumanidad se alejó. Siendo *Tang* dueño de cuanto hay bajo el cielo, escogió entre la multitud, promovió a *Yi Yin* [al rango de ministro], y la inhumanidad se alejó».

XII-23. *Zigong* preguntó acerca de la amistad. El Maestro dijo: «Da [al amigo] leal consejo y buena guía. Si no lo acepta, detente y evita la deshonra [de verte desairado]».

XII-24. El *Maestro Zeng* dijo: «Por su ilustración reúne el *hidalgo* amigos. Por sus amigos, perfecciona su *humanidad*».

LIBRO XIII

XIII-1. *Zilu* preguntó acerca del gobierno. El Maestro dijo: «*Da ejemplo, incita*».

[Zilu] pidió más [precisión]. El Maestro dijo: «Sin fatiga».

XIII-2. *Zhonggong*, que [a la sazón] era intendente de la *casa Ji*, preguntó acerca del gobierno. El Maestro dijo: «Da ejemplo a tus subalternos, perdona los errores sin importancia, promueve a los hombres de talento».

[Zhonggong] replicó: «¿Cómo reconoceré a los hombres de talento para poder promoverlos?».

El Maestro le contestó: «Promueve a los que reconozcas, que a los demás, ¿[crees que] otros los desaprovecharán?».

XIII-3. *Zilu* preguntó: «Si el *señor de Wei* os invitara a haceros cargo del gobierno, ¿qué haríais en primer lugar?».

El Maestro contestó: «¡Ten por cierto que *rectificaría los nombres*!».

Zilu replicó: «¿Qué decís? ¡Maestro, eso es despropósito! ¿Para qué rectificarlos?».

El Maestro dijo: «¡Qué bruto eres, You! ¡Cuando no sabe algo, el *hidalgo* calla! Si los nombres no son correctos, cuanto se dice es incoherencia. Si se dicen incoherencias, cuanto se emprende fracasa. Si cuanto se emprende fracasa, los *ritos* y la *música* pierden vigor. Si los ritos y la música no están en vigor, penas y castigos son desacertados. Si penas y castigos son desacertados, el pueblo no tiene a qué atenerse. Por ello el hidalgo no usa más que los nombres que se pueden decir [con justedad], no dice más que lo que es capaz de llevar a cabo. En palabras de hidalgo no hay ligereza, eso es todo».

XIII-4. *Fan Chi* pidió [al Maestro] que le enseñara agricultura. El Maestro dijo: «Más te valdría un viejo campesino».
[Fan Chi] le pidió [entonces] que le enseñara jardinería. [El Maestro] dijo: «Más te valdría un viejo jardinero».
Fan Chi salió. El Maestro dijo: «¡Qué villano, este Fan Chi! Cuando el señor cultiva los *ritos*, el pueblo no osa ser irrespetuoso. Cuando el señor cultiva la *justicia*, el pueblo no osa desobedecer. Cuando el señor cultiva la *sinceridad*, el pueblo no osa ser deshonesto. Siendo así [el señor], *las gentes acuden de los cuatro confines con sus hijos a la espalda.* ¿Para qué quiere la agricultura?».

XIII-5. El Maestro dijo: «Si alguien [es capaz de] recitar las trescientas *odas*, [pero cuando] se le encarga el gobierno demuestra no estar a la altura, [o cuando] es enviado en embajada a los cuatro confines demuestra ser incapaz de responder adecuadamente por iniciativa propia, ¿de qué le sirve tanto saber?».

XIII-6. El Maestro dijo: «Si [el *señor*] es recto, todo se hace sin [necesidad de que] mande. Si [el *señor*] no es recto, por mucho que mande, no será obedecido».

XIII-7. El Maestro dijo: «En política, *Lu y Wei* son hermanos».

XIII-8. El Maestro decía del *señor Jing de Wei*: «Es hábil hacendero. Cuando empezó a tener caudal, dijo: "Es bastante adecuado". Cuando tuvo un poco más, dijo: "Es bastante redondo". Cuando fue rico, dijo: "Es bastante extraordinario"».

XIII-9. El Maestro fue a Wei. *Ran you* conducía su carro. El Maestro dijo: «¡Cuánta gente!».

Ran You dijo: «*Ya que son tantos, ¿qué más queda por hacer?*».

[El Maestro] dijo: «Enriquecerlos».

[Ran You] dijo: «Cuando ya sean ricos, ¿qué quedará por hacer?».

[El Maestro] dijo: «Educarlos».

XIII-10. El Maestro dijo: «Si alguien me tomara a su servicio, en un año [los resultados] ya serían aceptables. En tres años, serían completos».

XIII-11. El Maestro dijo: «"Si *hombres de bien* gobernaran durante cien años, se podría acabar con la violencia y eliminar la pena de muerte". ¡Cuánta verdad hay en estas palabras!».

XIII-12. El Maestro dijo: «Aunque hubiera un *rey* [digno de ese nombre], sería necesaria una generación para que [prevaleciera] la *humanidad*».

XIII-13. El Maestro dijo: «Comportándose con rectitud, ¿qué [dificultad] hay en ejercer el gobierno? No siendo capaz de comportarse con rectitud, ¿cómo se puede rectificar a los demás?».

XIII-14. El *señor Ran* volvía de la corte, cuando le dijo el *Maestro Kong*: «¿Cómo es que vuelves tan tarde?».

[El *señor Ran*] le contestó: «Por asuntos de estado».

El Maestro dijo: «*Serán asuntos privados*, que si los hubiera de estado, aun no ocupando cargo alguno, yo estaría al corriente».

XIII-15. El *duque Ding* preguntó: «¿Hay algún dicho capaz de hacer prosperar el ducado?».

El *Maestro Kong* contestó: «Los dichos no tienen semejante poder. [Pero] se dice: "es arduo ser señor, no es fácil ser vasallo". Ser consciente de lo arduo que es el señorío ¿no equivale a hacer prosperar el ducado con un dicho?».

[El duque] prosiguió: «Hay algún dicho capaz de arruinar el ducado?». El *Maestro Kong* dijo: «Los dichos no tienen semejante poder. [Sin embargo,] dicen "el señorío no me da más deleite que el de que nadie me contradiga". Si [el señor en cuestión] es bueno, ¿no lo es también el que nadie le contradiga? [Pero] si no lo es, y nadie le contradice, ¿no equivale [el asunto] a arruinar el ducado con un dicho?».

XIII-16. El *duque de She* preguntó acerca del gobierno. El Maestro dijo: *«Los lugareños son felices, los foráneos acuden»*.

XIII-17. Siendo *Zixia* gobernador de *Jufu*, preguntó acerca del gobierno. El Maestro dijo: «No precipites las cosas, no ansíes pequeños logros. Si precipitas las cosas, no las alcanzarás; si ansías pequeños logros, fracasarás en las grandes empresas».

XIII-18. El *duque de She* dijo al *Maestro Kong*: «En mi tierra, hay alguien de [auténtica] rectitud. Su padre robó un carnero, y él lo denunció».

El Maestro Kong replicó: «En mi tierra, la rectitud es distinta: el padre encubre al hijo, y el hijo encubre al padre; en ello reside la rectitud».

XIII-19. *Fan Chi* preguntó acerca de la *humanidad*. El Maestro le dijo: «En la vida privada, sé digno y decoroso; en la vida pública, sé atento y cuidadoso; sé leal con los demás.

No abandones [esta actitud] ni siquiera entre bárbaros del este y del norte».

XIII-20. *Zigong* preguntó: «¿Qué hay que hacer para merecer el nombre de *letrado*?».

El Maestro dijo: «Puede considerarse letrado quien actúa con sentido del honor y, enviado en embajada a los cuatro confines, nunca desmerece la misión [que le haya encomendado] su soberano».

[Zigong] prosiguió: «¿Puedo preguntaros el siguiente [requisito]?».

[El Maestro] dijo: «Los de su misma estirpe alaban su *piedad filial*, los de su tierra loan su respeto hacia los mayores».

[Zigong] dijo: «¿Puedo preguntaros el siguiente [requisito]?».

[El Maestro] dijo: «Sus palabras siempre han de ser fidedignas, y sus actos, fructíferos: ciertamente, la obstinación es propia del *villano*, pero también puede ser el siguiente [requisito]».

[Zigong] preguntó: «¿Qué pensáis de quienes gobiernan hoy en día?».

El Maestro dijo: «¡Huy, esos no valen nada! ¡No son dignos ni de que se los tenga en cuenta!».

XIII-21. El Maestro dijo: «A falta de poder relacionarse con alguien que se mantenga en el *justo medio*, obligado es [conformarse con] el impetuoso y el escrupuloso: el impetuoso será emprendedor, el escrupuloso será comedido».

XIII-22. El Maestro dijo: «Los meridionales tienen un refrán que dice: "Quien no tiene constancia, no vale ni para *chamán*", ¡excelente!».

[El *Libro de las mutaciones* dice:] «Sin constancia en la *virtud* es contingente el deshonor».

El Maestro dijo: «Eso ya está [claro] sin practicar la adivinación».

XIII-23. El Maestro dijo: «El *hidalgo* cultiva la *armonía*, no la *conformidad*. El *villano* cultiva la conformidad, no la armonía».

XIII-24. *Zigong* preguntó: «¿Qué os parecería [alguien] que fuera amado por todos sus vecinos?».
El Maestro contestó: «No bastaría».
[Zigong prosiguió:] «¿Y si todos sus vecinos lo odiaran?».
El Maestro contestó: «Tampoco. Mejor sería que, en su vecindad, los buenos lo amaran y los malvados lo odiaran».

XIII-25. El Maestro dijo: «El *hidalgo* es fácil de servir y difícil de contentar. [Si uno trata de] contentarlo sin mantenerse en la *vía*, no lo conseguirá. [En cambio,] cuando emplea a sus gentes, lo hace en la medida de las capacidades de cada uno. El *villano* es difícil de servir y fácil de contentar. [Si uno intenta] contentarlo, incluso sin mantenerse en la vía, lo conseguirá. [Pero] abusará de sus gentes, exigiendo la perfección [en en cualquier asunto]».

XIII-26. El Maestro dijo: «El *hidalgo* posee grandeza, pero no soberbia. El *villano* posee soberbia, pero no grandeza».

XIII-27. El Maestro dijo: «Firmeza, determinación, simplicidad y circunspección en lo que se dice aproximan a la *humanidad*».

XIII-28. *Zilu* preguntó: «¿Qué hay que hacer para merecer el nombre de *letrado*?».

El Maestro dijo: «Quien es cordial, alentador y afable merece el nombre de *letrado*: [entre] amigos, cordial y alentador, [entre] hermanos, afable».

XIII-29. El Maestro dijo: «Cuando un *hombre de bien* ha instruido durante siete años a su pueblo, [éste] puede incluso ir a la guerra».

XIII-30. El Maestro dijo: «Mandar a la guerra a un pueblo sin haberlo instruido es abandonarlo [a su suerte]».

LIBRO XIV

XIV-1. *Xian* preguntó acerca de la deshonra. El Maestro le dijo: «Cuando el ducado siga la *vía*, prospera. Deshonra es *prosperar en un ducado desviado*».

XIV-2. «¿Se puede considerar *humanidad* la renuncia a la ambición, a la jactancia, al rencor y a la codicia?»
El Maestro dijo: «Se puede considerar ardua, pero no sé si es humanidad».

XIV-3. El Maestro dijo: «Un *letrado* que ansía la holganza no es digno de ser letrado».

XIV-4. El Maestro dijo: «Cuando el ducado sigue la *vía*, hablad y actuad sin temor. En un ducado desviado, actuad sin temor pero hablad con reserva».

XIV-5. El Maestro dijo: «Quien tiene *virtud* también tiene [don de] palabra, pero quien tiene don de palabra no siempre tiene virtud. Quien tiene *humanidad* también tiene arrojo, pero quien tiene arrojo no siempre tiene humanidad».

XIV-6. *Nangong Kuo* dijo al *Maestro Kong*: «*Yi* era un excelente arquero, y *Ao*, un [hábil] navegante. Pero no tuvieron buena muerte. *Yu* y *Ji* cultivaron con sus propias manos, y tuvieron cuanto hay bajo el cielo». El Maestro no respondió.
Cuando Nangong Kuo hubo salido, el Maestro dijo: «¡He aquí un *hidalgo*! ¡Un hombre que estima la *virtud*!».

XIV-7. El Maestro dijo: «Hay *hidalgos* que no tienen *humanidad*, pero no *villanos* que la tengan».

XIV-8. El Maestro dijo: «*¿Se puede amar sin exhortar? ¿Se puede ser leal sin amonestar?*».

XIV-9. El Maestro dijo: «Para promulgar un edicto, *Pi Chen* se encargaba del borrador, *Shi Shu* lo examinaba, el diplomático *Ziyu* lo adornaba, y *Zichan* de Dongli le daba el toque final».

XIV-10. Alguien preguntó acerca de *Zichan*. El Maestro contestó: «Era un hombre bueno».
[El hombre] le preguntó acerca de *Zixi*. [El Maestro] dijo: «¡Ay, ése!».
[El hombre] le preguntó acerca de *Guan Zhong*. [El Maestro] dijo: «Todo un personaje. [Pese a haber] arrebatado el feudo de Pian, de trescientas familias, al *señor Bo*, [sin dejarle más recurso que] un sustento de grano basto, éste jamás expresó el menor resentimiento contra él».

XIV-11. El Maestro dijo: «*Es más difícil ser pobre sin resentimiento* que rico sin arrogancia».

XIV-12. El Maestro dijo: «*Meng Gongchuo* tiene sobrado talento para ser intendente de [grandes casas como las de] los Zhao o los Wei, pero no el suficiente para ser gran oficial en [ducados pequeños] como Teng o Xie».

XIV-13. *Zilu* preguntó acerca del hombre cumplido. El Maestro dijo: «Con la sabiduría de *Zang Wuzhong*, la templanza de [*Meng*]*Gongchuo*, el arrojo de *Zhuangzi* de Bian y la habilidad de *Ran Qiu*, ilustrados con los ritos y la música, puede un hombre considerarse cumplido». Y añadió: «[Pero] hoy en día, ¿qué necesidad tiene de tanto el hombre cumplido? Quien, aun a la vista del provecho, piensa en obrar según *justicia*, quien ante el peligro arriesga su vida, quien ni siquiera en *largas épocas de tribulaciones* olvida la palabra dada en tiempos de bonanza, también puede considerarse hombre cumplido».

XIV-14. El Maestro preguntó a *Gongming Jia* acerca del *señor Gongshu Wen*: «¿Es verdad que vuestro señor no hablaba ni reía ni tomaba nada?».

Gongming Jia contestó: «Quien así lo diga exagera. Mi señor sólo hablaba oportunamente, [de modo que] a nadie molestaban sus palabras; sólo reía cuando estaba alegre, [de modo que] a nadie molestaba su risa; sólo tomaba según *justicia*, [de modo que] a nadie molestaba su toma».

El Maestro dijo: «¿Así era? ¿Es cierto?».

XIV-15. El Maestro dijo: «*Zang Wuzhong* aprovechó [su señorío de] Fang para exigir [al duque] que [le permitiera nombrar] un sucesor en Lu. Pese a que dijo no haber ejercido coacción sobre su señor, no lo creo».

XIV-16. El Maestro dijo: «El [proceder del] *duque Wen* de Jin fue astuto pero no legítimo. El del *duque Huan* de *Qi* fue legítimo, pero no astuto».

XIV-17. *Zilu* dijo: «Cuando el *duque Huan* mató a su hermanastro Jiu, Shao Hu se dio muerte, no así *Guan Zhong*». Y añadió: «¡Qué falta de *humanidad*!».

El Maestro dijo: «Si el *duque Huan* confederó tantas veces a los feudatarios, no fue gracias a sus huestes ni a sus carros, sino al poder de Guan Zhong. Ésa es su virtud, ésa es su virtud».

XIV-18. *Zigong* dijo: «¿No era *Guan Zhong* inhumano? Cuando el *duque Huan* mató a su hermanastro Jiu, no sólo no se dio muerte sino que se convirtió en su ministro».

El Maestro dijo: «El que Guan Zhong se convirtiera en ministro del duque Huan permitió a éste ejercer la hegemonía sobre los feudatarios, restableciendo bajo el cielo un orden de cuyos beneficios aún hoy disfruta el pueblo. Sin Guan Zhong, seríamos [como bárbaros] de *cabello suelto y túnica abrochada a la izquierda*. ¿Tenía acaso que [dejarse llevar por la] fidelidad obcecada del vulgo y ahorcarse en algún barranco sin que nadie lo advirtiera?».

XIV-19. Zhuan, el intendente del *señor Gongshu Wen*, [por recomendación de su amo,] ascendió junto con éste al rango de ministro. Cuando lo supo, el Maestro dijo: «¡Verdaderamente, [Gongshu] merecía el tratamiento de "Ilustrado"!».

XIV-20. El Maestro dijo que el *duque Ling* de *Wei* carecía de *vía*. El *señor [Ji] Kang* replicó: «Siendo así, ¿cómo es que no ha perdido [su señorío]?».

El *Maestro Kong* contestó: «[Tiene a] *Zhongshu Yu* para ocuparse de los huéspedes [extranjeros], al *sacerdote Tuo* para ocuparse de [las ceremonias en] el *templo mayor* y a *Wangsun Jia* para ocuparse del ejército. Siendo así, ¿qué va a perder?».

XIV-21. El Maestro dijo: «Quien habla sin modestia difícilmente llevará a cabo [sus palabras]».

XIV-22. *Chen el Cumplido asesinó al duque Jian*. El *Maestro Kong* hizo las abluciones, se dirigió a la corte y anunció al duque Ai: «Chen Heng ha asesinado a su señor, os ruego que lo castiguéis».

El duque dijo: «Hacedlo saber a los *tres señores*».

El Maestro Kong dijo: «*Habiendo sido del séquito de los grandes oficiales*, me he visto obligado a hacer esta denuncia, y el señor me ha dicho que lo haga saber a los tres señores».

Fue a informar a los tres señores que rechazaron su petición. El Maestro Kong dijo: «Habiendo sido del séquito de los grandes oficiales, me he visto obligado a hacer esta denuncia».

XIV-23. *Zilu* preguntó cómo servir un señor. El Maestro dijo: «No lo engañes [para complacerlo], aunque hayas de contrariarlo».

XIV-24. El Maestro dijo: «El *hidalgo* tiende a la elevación; el *villano*, a la bajeza».

XIV-25. El Maestro dijo: «Antaño quienes estudiaban lo hacían para [perfeccionarse a] sí mismos. Ahora lo hacen para [causar admiración en] los demás».

XIV-26. *Qu Boyu* envió un emisario al *Maestro Kong* [para transmitirle sus saludos]. Éste le ofreció asiento y le preguntó: «¿Qué hace vuestro señor?».

[El emisario] contestó: «Mi señor ansía reducir sus defectos, pero no lo consigue».

Cuando el emisario se hubo ido, el Maestro exclamó: «¡Esto es un emisario! ¡Esto es un emisario!».

XIV-27. El Maestro dijo: «Quien no ocupa un cargo oficial no ha de aspirar a ejercer su política».

XIV-28. El Maestro Zeng dijo: «*El hidalgo piensa en no exceder su situación*».

XIV-29. El Maestro dijo: «El *hidalgo* se avergüenza de que sus palabras excedan sus actos».

XIV-30. El Maestro dijo: «Son tres las *vías* del *hidalgo*, y [de practicarlas] soy incapaz: *humano*, carece de inquietud; *sabio*, carece de incertidumbre; arrojado, carece de temor».
Zigong dijo: «El Maestro se ha descrito a sí mismo».

XIV-31. *Zigong* criticaba al prójimo. El Maestro dijo: «¿Tan excelente eres, *Cí*, [que te sobra tiempo]? Yo, en cambio, no tengo ocio [para eso]».

XIV-32. El Maestro dijo: «Uno no ha de preocuparse que la gente no lo conozca, sino de su propia incapacidad».

XIV-33. El Maestro dijo: «Quien no presupone el engaño, ni presume la falsía, pero las presiente, es en verdad una eminencia».

XIV-34. *Weisheng Mu* dijo al *Maestro Kong*: «*Qiu*, ¿para qué tanto ajetreo? ¿No será para hacer hacer valer tu elocuencia?». El Maestro Kong dijo: «No pretendo tal cosa, pero me irrita la contumacia».

XIV-35. El Maestro dijo: «De un *corcel brioso* no se alaba la fuerza, sino la *virtud*».

XIV-36. Alguien dijo: «¿Qué piensa de "pagar iniquidad con bondad?"». El Maestro dijo: «¿Y con qué pagarías la bondad? Hay que pagar iniquidad con rectitud, y bondad con bondad».

XIV-37. El Maestro dijo: «¡Nadie me conoce!».
Zigong dijo: «¿Por qué nadie os conoce?».

El Maestro dijo: «No culpo al cielo ni a los hombres. El *estudio* [aquí] abajo da acceso a la comprensión [de las cosas] de arriba. El cielo es [el único] que me conoce».

XIV-38. *Gongbo Liao* acusó a *Zilu* ante [el *señor*] *Ji*. *Zifu Jingbo* informó de ello [al Maestro] y añadió: «Mi señor [Ji] ha sido confundido por Gongbo Liao, pero tengo poder para [mandar ejecutarlo y] exponerlo en la plaza pública».

El Maestro dijo: «Si la *vía* ha de prevalecer, será por *mandato [del cielo]*; si ha de ser abandonada, será por mandato [del cielo]. ¿Qué puede Gongbo Liao contra el mandato [del cielo]?».

XIV-39. El Maestro dijo: «*El [hombre más] eminente huye del mundo*. Le sigue el que huye de su tierra; luego, el que huye del semblante; luego, el que huye de la palabra».

XIV-40. El Maestro dijo: «*Son siete los que lo han hecho*».

XIV-41. *Zilu* pernoctó en la Puerta de Piedra. Al alba, el guardián le preguntó: «¿De dónde venís?».

Zilu contestó: «De casa [del *Maestro*] *Kong*».

[El otro] inquirió: «¿Es ése que se dedica a lo que sabe que es imposible?».

XIV-42. En *Wei*, el Maestro estaba tañendo las *piedras sonoras*. Un hombre cargado con un cuévano pasó ante la puerta de su casa y dijo: «¡Cuánto corazón en este tañido!».

Al rato, añadió: «¡Qué triste monotonía! Si nadie os hace caso, dejadlo ya! "*Si el agua es profunda cruza vestido*, y si no, levanta la falda"».

El Maestro dijo: «¡Qué resuelto! ¡Así, no hay dificultad que valga!».

XIV-43. *Zizhang* dijo: «El *Libro de los documentos* dice: *"Gaozong* no habló en los *tres años* de retiro por luto". ¿Cómo se explica?».

El Maestro contestó: «No sólo Gaozong, sino todos los antiguos lo hacían. Cuando moría un señor, durante los tres años siguientes, gobernaban sus fieles obedeciendo al primer ministro».

XIV-44. El Maestro dijo: «Si el señor cultiva los *ritos*, el pueblo será fácil de gobernar».

XIV-45. *Zilu* preguntó acerca del *hidalgo*. El Maestro dijo: «Se perfecciona a sí mismo con respeto y atención».

[Zilu] insistió: «¿Eso es todo?».

[El Maestro] dijo: «Se perfecciona dando paz a sus hombres».

[Zilu] preguntó [de nuevo]: «¿Eso es todo?».

[El Maestro] dijo: «Se perfecciona dando paz al pueblo. Pero en esto último, [hasta] *Yao* y *Shun* tuvieron sus desvelos».

XIV-46. *Yuan Rang* estaba esperando, en cuclillas, con las piernas abiertas. El Maestro le dijo: «De joven no respetar a los mayores, de adulto no hacer nada digno de mención y de viejo no morir, ¡esto es ser un bellaco!», y le asestó un bastonazo en las pantorrillas.

XIV-47. Un muchacho de Que servía [al Maestro] de mensajero. Alguien preguntó: «¿Ha progresado?».

El Maestro le dijo: «Viéndolo sentado entre los adultos y caminar al par de los mayores, no [se diría que] quiere progresar, sino que tiene prisa por lograr».

LIBRO XV

XV-1. El *duque Ling* de *Wei* preguntó al *Maestro Kong* acerca del orden de batalla. El Maestro Kong le contestó: «Sobre [la disposición de] las vasijas de ofrenda algo sé, pero sobre la disposición de las tropas no tengo conocimiento alguno». Y, al día siguiente, se fue.

En *Chen*, se agotaron los víveres, y sus seguidores enfermaron hasta no poder ponerse en pie. Indignado, *Zilu* fue a visitar [al Maestro] y dijo: «¿Acaso el *hidalgo* ha de [padecer] tanta miseria?».

El Maestro le dijo: «El hidalgo se crece en la miseria. El *villano*, [por el contrario,] da rienda suelta a los desmanes».

XV-2. El Maestro dijo: «*Ci*, consideras que soy alguien que ha estudiado y aprendido mucho?».

[*Zigong*] le contestó: «Así sois, ¿no es verdad?».

[El Maestro] replicó: «No, un [solo principio] recorre [mi *vía*]».

XV-3. El Maestro dijo: «¡*You*, cómo escasean los conocedores de la *virtud*!».

XV-4. El Maestro dijo: «Si alguien [fue capaz de] gobernar *sin acción*, ése fue *Shun*. ¿Cómo lo hizo? Majestuosamente, [*sentado] de cara al sur*; eso es todo».

XV-5. *Zizhang* preguntó acerca de la eficacia. El Maestro dijo: «Habla con *lealtad* y *sinceridad*, actúa con seriedad y atención, y serás eficaz incluso en tierra de bárbaros. Hablando sin lealtad ni sinceridad y actuando sin seriedad ni atención, ¿serías eficaz, aun en [tu propio] distrito? [Ten este principio siempre presente,] en pie, velo erguirse ante ti; en carro, velo sobre el yugo, y serás eficaz». Zizhang lo inscribió en su cinto.

XV-6. El Maestro dijo: «¡Qué rectitud, la de *Shi Yu*! Cuando el ducado seguía la *vía*, [era recto] como una saeta. Cuando el país se desviaba, [era recto] como una flecha. ¡Qué *hidalguía*, la de *Qu Boyu*! Cuando el ducado seguía la vía, ejercía su cargo. Cuando el ducado se desviaba, se recogía y guardaba para sí [su talento]».

XV-7. El Maestro dijo: «Si [un hombre] merece que hables con él y no lo haces, desperdicias al hombre. Si no merece que hables con él y, sin embargo, lo haces, desperdicias tus palabras. El sabio no desperdicia ni hombres ni palabras».

XV-8. El Maestro dijo: «El hombre de carácter y *humanidad* no permite que ésta se vea mermada ni siquiera por conservar la vida. Antes bien, sacrifica la vida por la perfección de su humanidad».

XV-9. *Zigong* preguntó acerca de la práctica de la *humanidad*. El Maestro dijo: «El artesano que desea destacar en su oficio, debe empezar por afilar sus herramientas. Cualquiera que sea el ducado en que vivas, sirve a sus oficiales más eminentes, entabla amistad con sus *letrados* más humanos».

XV-10. *Yan Yuan* preguntó acerca del gobierno de un ducado. El Maestro le dijo: «Adopta el *calendario de los Xia*, conduce el *carro de los Yin* y lleva el *tocado de los Zhou*. En cuanto a la música, [utiliza] las melodías de *Shao* y *Wu*. Proscribe la de *Zheng* y aleja a los aduladores: la música de Zheng es excesiva, y los aduladores, peligrosos».

XV-11. El Maestro dijo: «Quien no reflexiona sobre el porvenir, tendrá inquietudes inmediatas».

XV-12. El Maestro dijo: «¡Es inútil! Aún no he visto a quien ame la *virtud* tanto como la belleza física».

XV-13. El Maestro dijo: «¿Acaso no ha robado *Zang Wenzhong* su cargo? Conociendo la excelencia de *Liuxia Hui*, no le otorgó el puesto».

XV-14. El Maestro dijo: «Sé exigente contigo mismo y poco con los demás, alejarás los resentimientos».

XV-15. El Maestro dijo: «Con alguien que no dice "¿qué he de hacer, qué he de hacer?" no tengo nada que hacer».

XV-16. El Maestro dijo: «¡Qué penosos son ésos que pasan el día reunidos, hablando sin decir cosa cabal y alardeando de ingenio!».

XV-17. El Maestro dijo: «La *justicia* es la esencia del *hidalgo*. Mediante los *ritos* la pone en práctica, con su humildad la expresa, con su *sinceridad* la completa; ¡así es el hidalgo!».

XV-18. El Maestro dijo: «Atormenta al *hidalgo* su propia incapacidad, no el que los demás lo ignoren».

XV-19. El Maestro dijo: «El *hidalgo* se aflige de dejar este mundo *sin ser digno de su nombre*».

XV-20. El Maestro dijo: «El *hidalgo* es exigente consigo mismo, el *villano* lo es con los demás».

XV-21. El Maestro dijo: «El *hidalgo* tiene honra, pero no rivaliza; es sociable, pero no gregario».

XV-22. El Maestro dijo: «El *hidalgo* no promueve a un hombre por sus palabras ni rechaza palabras [justas] por el hombre [que las dice]».

XV-23. *Zigong* preguntó: «¿Hay alguna palabra que pueda guiar los actos de toda una vida?».
El Maestro dijo: «*"Benevolencia"*: lo que no desees para ti, no lo inflijas a los demás».

XV-24. El Maestro dijo: «Al hablar de alguien, ¿a quién he calumniado? ¿A quién he ensalzado? Cuando he ensalzado a alguien ha sido con conocimiento de causa. Gracias a estas gentes, las *tres dinastías* pudieron seguir la *vía* recta».

XV-25. El Maestro dijo: «*He visto tiempos* en que los cronistas [preferían] omitir [las partes dudosas] de los textos [a relatar acontecimientos falsos], y quienes poseían caballos [y no sabían domarlos] permitían a otros que los montaran. Hoy en día, ya no se hace».

XV-26. El Maestro dijo: «Las palabras ingeniosas trastornan la *virtud*, la impaciencia en pequeñeces trastorna los grandes designios».

XV-27. El Maestro dijo: «Cuando las gentes odian a alguien, es necesario averiguar el porqué. Cuando las gentes aman a alguien, es necesario averiguar el porqué».

XV-28. El Maestro dijo: «El hombre puede desarrollar la *vía*, no es la vía la que desarrolla al hombre».

XV-29. El Maestro dijo: «No corregir los errores, eso es lo que llamo error».

XV-30. El Maestro dijo: «Llegué a pasar un día entero en ayunas y toda una noche en vela para meditar. No sirvió. Es mejor el estudio».

XV-31. El Maestro dijo: «El *hidalgo* anhela la *vía*, no el sustento. [Hasta] en la labranza se puede llegar a sufrir hambruna, [hasta] en el estudio se puede hallar el lucro. El hidalgo se inquieta por la vía, no por la pobreza».

XV-32. El Maestro dijo: «Si [con] *humanidad* [uno] no es capaz de conservar lo que [con su] *sabiduría* ha alcanzado, lo obtenido se pierde. Si [con] humanidad [uno] es capaz de conservar lo que [con su] *sabiduría* ha alcanzado, pero no lo trata con gravedad, el pueblo no lo respetará. Si [con] humanidad [uno] es capaz de conservar lo que [con su] *sabiduría* ha alcanzado y lo trata con gravedad, pero *lo mueve sin observar los ritos*, tampoco llega a la excelencia».

XV-33. El Maestro dijo: «*No convienen al hidalgo las pequeñas habilidades*, sino las grandes responsabilidades. No convienen al *villano* las grandes responsabilidades, sino las pequeñas habilidades».

XV-34. El Maestro dijo: «Para el pueblo, la *humanidad* es más [temible] que el agua o el fuego. He visto gente morir por introducirse en el agua o el fuego, pero jamás he visto que muera alguien por introducirse en la humanidad».

XV-35. El Maestro dijo: «Tratándose de la *humanidad*, no cedas siquiera ante tu maestro».

XV-36. El Maestro dijo: «El *hidalgo* es fiel, pero no hasta la obcecación».

XV-37. El Maestro dijo: «Al servir a tu señor, da al cuidado prioridad sobre la ganancia».

XV-38. El Maestro dijo: «*Enseño, no discrimino*».

XV-39. El Maestro dijo: «Sin *vía* común, no hay propósito conjunto».

XV-40. El Maestro dijo: «Las palabras expresan, sin más».

XV-41. El *Maestro [de Música] Mian* fue a visitarlo. Al llegar al umbral, el Maestro le dijo: «Aquí hay un peldaño». Al llegar a la estera, el Maestro dijo: «He aquí vuestro asiento». Cuando todos estuvieron sentados, el Maestro fue diciéndole: «Aqui está fulano; aquí, mengano».

Cuando el Maestro Mian se hubo retirado, *Zizhang* preguntó: «¿Así es como hay que hablar a los maestros [de música]?».

El Maestro dijo: «Sí, ciertamente, así es como hay que guiarlos».

LIBRO XVI

XVI-1. El *señor Ji* se disponía a atacar *Zhuanyu*. *Ran You* y *Ji Lu* fueron a ver al *Maestro Kong* y le dijeron: «El señor Ji va a actuar contra Zhuanyu».

El Maestro Kong dijo: «*Qiu*, ¿acaso no es por vuestra culpa? Antaño, los antiguos reyes dieron autoridad a [los señores de] Zhuanyu [para ofrendar] en el Dongmeng, [dándoles así señorío sobre ese territorio]. Además, se halla en pleno ducado [de *Lu*], y es vasallo nuestro, ¿por qué atacarlo?».

Ran You dijo: «Nuestro señor así lo quiere, aunque nos pese a ambos».

El Maestro Kong dijo: «Qiu, *Zhou Ren* dijo: "Si puedes desplegar tus capacidades, asume un cargo. Si no puedes, retírate". ¿De qué sirve que deis guía a un ciego si no lo sostenéis cuando vacila, si no le dais la mano cuando cae? Además, lo que dices no es verdad. Si un tigre o un rinoceronte se escapan de su jaula, si una concha de tortuga o un jade se mellan en su arca, ¿de quién es la culpa?».

Ran You dijo: «Ahora Zhuanyu está fortificado y linda con Bi, [la plaza fuerte de la casa Ji]. Si [nuestro señor] no la toma hoy, el día de mañana causará desgracias a sus hijos y nietos».

El Maestro Kong dijo: «Qiu, el *hidalgo* siente aversión [hacia quienes] justifican [sus actos] en lugar de confesar: "tal es mi deseo". He oído decir que los señores *no temen la pobreza, sino la desigualdad*; no temen la escasez [de población], sino su descontento. Pues habiendo igualdad, no hay pobreza; habiendo armonía, no hay escasez [de población]; habiendo contento, [el ducado] no se arruina. Si, aun siendo así, las gentes de fuera no se someten, hay que atraerlas cultivando la *virtud* de la civilización. Una vez avenidas, hay que contentarlas. [Sin embargo,] ahora que ambos, *You* y Qiu, asistís a vuestro señor, éste no es capaz de atraer a las gentes reacias. El ducado está dividido y decadente, y no es capaz de preservarlo. ¡Y pretende tomar las armas contra sus propias tierras! Mucho temo que la desgracia del señor Ji no se encuentre en Zhuanyu, sino *en palacio*».

XVI-2. El *Maestro Kong* dijo: «Cuando reina la *vía* bajo el cielo, [las decisiones] acerca de los *ritos*, la *música* y las expediciones militares emanan del *hijo del cielo*. Cuando no hay vía bajo el cielo, [las decisiones] acerca de los ritos, la música y las expediciones militares emanan de los señores. Cuando emanan de los señores, raro es que [su poder] dure más de diez generaciones. Cuando emanan de los grandes oficiales, raro es que [su poder] dure más de cinco generaciones. Cuando el poder está en manos de los vasallos, raro es que dure más de tres generaciones. Cuando reina la vía bajo el cielo, el gobierno no se delega en los grandes oficiales. Cuando reina la vía bajo el cielo, el vulgo no discute».

XVI-3. El *Maestro Kong* dijo: «Hace cinco generaciones que la casa ducal ha perdido sus prerrogativas y cuatro que el gobierno está en manos de los grandes oficiales, por lo que los *descendientes de los tres Huan* están en decadencia».

XVI-4. El *Maestro Kong* dijo: «Hay tres amistades provechosas y tres perjudiciales. Los amigos rectos, fieles y experimentados son provechosos. Los amigos falsos, acomodadizos y aduladores son perjudiciales».

XVI-5. El *Maestro Kong* dijo: «Hay tres deleites provechosos y tres perjudiciales. Los deleites [que dan] el buen concierto de los *ritos* y la *música*, el hablar de las bondades de los demás y el tener muchos amigos de gran valía son provechosos. Los deleites [que dan] el lujo, la disipación y la gula son perjudiciales».

XVI-6. El *Maestro Kong* dijo: «Hay tres faltas que deben evitarse en compañía de un *hidalgo*: hablar cuando no ha llegado a uno el momento de hacerlo, que es lo que se llama precipitación; no hablar cuando llega el momento de hacerlo, que es lo que se llama disimulación; hablar sin examinar el semblante [del interlocutor], que es lo que se llama ceguera».

XVI-7. El *Maestro Kong* dijo: «Hay tres cosas de las que el *hidalgo* se guarda. En su juventud, cuando su sangre y su espíritu vital carecen de estabilidad, se guarda de la lujuria. Al llegar a la edad adulta, cuando su sangre y su espíritu vital alcanzan su plenitud, se guarda de la pugnacidad. Al llegar a la vejez, cuando su sangre y su espíritu vital ya declinan, se guarda de la codicia».

XVI-8. El *Maestro Kong* dijo: «El *hidalgo* tiene tres temores [reverenciales]: teme el *mandato del cielo*, teme a los grandes hombres, teme las palabras del *santo*. El *villano* no conoce el mandato del cielo y, por tanto, no lo teme; desprecia a los grandes hombres y denosta las palabras del santo».

XVI-9. El *Maestro Kong* dijo: «Quienes poseen una *sabiduría* innata son superiores. Seguidamente, vienen aquéllos cuya *sabiduría* es aprendida. Luego, quienes no aprenden más que ante la dificultad. [Por último,] quienes no aprenden siquiera ante la dificultad. Las gentes así son inferiores».

XVI-10. El *Maestro Kong* dijo: «El *hidalgo* tiene presentes nueve cosas. Cuando mira, ver con claridad. Cuando escucha, oír con agudeza. En su semblante, la afabilidad; en su ademán, la mesura; en sus palabras, la *lealtad*; en su servicio, el cuidado; en la duda, informarse; en la ira, las penosas consecuencias. Ante la posibilidad de un logro, la *justicia* [de su obtención]».

XVI-11. El *Maestro Kong* dijo: «*"Respecto al bien manténte insaciable; respecto al mal, manténte alerta"*. He oído estas palabras y he visto llevarlas a cabo. "Vive retirado para preservar tus aspiraciones, practica la *justicia* para difundir tu *vía"*. He oído estas palabras, pero no he visto a nadie llevarlas a cabo».

XVI-12. El *duque Jing* de *Qi* poseía *mil cuadrigas*. Cuando murió, el pueblo no encontró *virtud* que alabarle. *Boyi* y *Shuqi* murieron de hambre al pie del Shouyang. Aún hoy los alaba el pueblo. *Esto ilustra lo dicho.*

XVI-13. *Chen Kang* preguntó a *Boyu*, [el hijo del Maestro]: «Tenéis [de vuestro padre] enseñanzas diferentes [a las que recibimos los discípulos]?».

[Boyu] contestó: «No. Una vez, estando él solo, pasé *prestamente* ante la sala [donde se hallaba] y me dijo: "¿Has estudiado las *odas*?" Le contesté: "No". Me dijo: "Si no estudias las odas, no sabrás hablar". Me retiré y estudié las odas. Otro día, en que se encontraba de nuevo solo, volví a pasar prestamente ante la sala, y me dijo: "¿Has estudiado los *ritos*?" Le contesté: "No", y añadió: "Si no estudias los ritos, no tendrás con qué adquirir firmeza". Me retiré y estudié los ritos. Estas dos enseñanzas son las que me ha dado».

Chen Kang se alejó y dijo, regocijado: «He preguntado una cosa y he obtenido tres: he aprendido acerca de las Odas, de los ritos y de cómo un *hidalgo* guarda las distancias con su hijo».

XVI-14. La esposa del señor recibe de éste el tratamiento de "señora". Ella misma se llama "doncella". Las gentes del ducado la llaman "señora principal", [si bien] ante gentes de fuera, la llaman "nuestra humilde señora", y las gentes de otros ducados la llaman "señora principal".

LIBRO XVII

XVII-1. *Yang Huo* deseaba ver al *Maestro Kong*. El Maestro Kong no lo recibió. Yang Huo le regaló entonces un cochinillo. El Maestro Kong esperó a que se hubiera marchado y fue a hacerle la [obligada] visita de cortesía, pero se lo encontró en el camino. [Yang Huo] dijo al Maestro Kong: «Venid, he de hablaros».

[Cuando el Maestro Kong se hubo acercado,] añadió: «¿Se puede decir que posee *humanidad* quien oculta sus tesoros, dejando que el ducado se suma en el desconcierto? No. ¿Se puede decir que posee sabiduría quien desea ocupar un cargo pero desperdicia una y otra vez las ocasiones [que se le presentan]? No. Días y meses transcurren, los años no nos esperan».

El Maestro Kong dijo: «Bien, ya ejerceré algún cargo».

XVII-2. El Maestro dijo: *«Las naturalezas [humanas] allegan, los hábitos distancian».*

XVII-3. El Maestro dijo: «Sólo [la persona de] *sabiduría suprema* y [la de] abyecta estulticia no cambian».

XVII-4. Cuando el Maestro fue a *Wucheng*, oyó cantos y tañidos [de cítaras y laúdes]. El Maestro dijo, divertido y risueño: *«Para matar un pollo, ¿hace falta un machete [de degollar] reses?».*

Ziyou contestó: «Antaño, Maestro, os oí decir: "El *hidalgo* que cultiva la *vía* ama a los hombres, el *villano* que cultiva la vía es fácil de gobernar"».

Lun yu

El Maestro dijo: «Hijos míos, *Yan* tiene razón. Lo que dije antes era broma».

XVII-5. *Gongshan Furao*, que se había rebelado desde [la plaza fuerte de] Bi, llamó [al Maestro]. El Maestro sintió deseos de acudir. Indignado, *Zilu* dijo: «Aunque no tengamos adónde ir, ¿qué necesidad tenéis de uniros al señor Gongshan?».
El Maestro dijo: «Por algo me llamará. Si alguien me empleara, podría instaurar un *Zhou* oriental».

XVII-6. *Zizhang* preguntó al *Maestro Kong* acerca de la *humanidad*. El Maestro Kong dijo: «Quien pueda practicar cinco cosas bajo el cielo poseerá humanidad».
«¿Puedo preguntaros cuáles?»
[Confucio] contestó: «Deferencia, magnanimidad, *sinceridad*, diligencia y bondad. [Sé] deferente y no serás ofendido, magnánimo y te ganarás a las multitudes, sincero y tendrás la confianza de los demás, diligente y obtendrás grandes resultados, bondadoso y serás digno de mandar».

XVII-7. *Bi Xi* llamó [al Maestro]. El Maestro mostró deseos de acudir. *Zilu* le dijo: «Maestro, en una ocasión, os oí decir: "el *hidalgo* no va a quien ha cometido fechorías personalmente". Bi Xi se ha rebelado desde [la plaza fuerte de] Zhongmou, ¿cómo es posible que acudáis [a su llamada]?».
El Maestro dijo: «Así es, eso dije. [Pero] ¿acaso no se dice "Tan duro que no hay muela que lo merme"? ¿No se dice "tan blanco que no hay hollín que lo ennegrezca"? ¿Acaso soy como una calabaza que [sólo] vale para ser colgada [a secar], y no para ser comida?».

XVII-8. El Maestro dijo: «*You*, ¿has oído hablar de los seis principios y sus seis defectos?».
[*Zilu*] contestó: «No».

120

«Siéntate, te los diré. El defecto de quien cultiva la *humanidad* y no el estudio es la estupidez. El defecto de quien cultiva la *sabiduría* y no el estudio es la dispersión. El defecto de quien cultiva la fidelidad a la palabra dada y no el estudio es la bellaquería. El defecto de quien cultiva la franqueza y no el estudio es la insolencia. El defecto de quien cultiva el arrojo y no el estudio es el desafuero. El defecto de quien cultiva la firmeza y no el estudio es el fanatismo».

XVII-9. El Maestro dijo: «Hijos míos, ¿por qué ninguno de vosotros estudia las *odas*? Las odas dan inspiración, perspicacia, sociabilidad, desahogo. En la vida privada, [ayudan a] servir al padre; en la vida pública, [ayudan a] servir al señor. Enseñan [además] muchos nombres de aves y bestias, de plantas y árboles».

XVII-10. El Maestro dijo a *Boyu*: «¿Has estudiado el *Zhounan* y el *Shaonan*? Ser persona y no estudiar el *Zhounan* y el *Shaonan* es como estar de cara a la pared».

XVII-11. El Maestro dijo: «¡Los *ritos*! ¡Los ritos! ¿Acaso son [sólo] jades y sedas? ¡La *música*! ¡La música! ¿Acaso son [sólo] campanas y tambores?».

XVII-12. El Maestro dijo: «[Un hombre de] semblante severo e interior pusilánime es, por compararlo con un *villano*, como un ladrón que horada o escala muros».

XVII-13. El Maestro dijo: «Los hipócritas son ladrones de la *virtud*».

XVII-14. El Maestro dijo: «Los correveidiles son renegados de la *virtud*».

XVII-15. El Maestro dijo: «¿*Puede un advenedizo servir a un señor*? Cuando aún no ha obtenido [un cargo], teme [no] obtenerlo. Cuando ya lo ha obtenido, teme perderlo. Y si teme perderlo, nada hay de lo que no sea capaz».

XVII-16. El Maestro dijo: «Las gentes de la antigüedad tenían tres defectos que hoy se han perdido. Antaño, los extravagantes eran desenvueltos; los de ahora son disolutos. Antaño, los orgullosos eran rigurosos; los de ahora son coléricos e intratables. Antaño, los necios eran rectos; los de ahora son aviesos».

XVII-17. El Maestro dijo: «Palabras zalameras y apariencia afable poco tienen de *humanidad*».

XVII-18. El Maestro dijo: «*Me irrita el púrpura, que suplanta al grana*, la música de *Zheng* que corrompe las melodías clásicas, las lenguas mordaces que trastornan el país».

XVII-19. El Maestro dijo: «Desearía no tener habla».
Zigong replicó: «Si el Maestro no hablara, ¿qué transmitiríamos nosostros, sus discípulos?».
El Maestro contestó: «¿Habla el *cielo*? Las cuatro estaciones transcurren, los seres nacen y, [sin embargo,] ¿habla el cielo?».

XVII-20. *Ru Bei* deseaba ver al *Maestro Kong*. Éste rechazó [el encuentro] pretextando enfermedad. [Pero,] al salir el emisario, el Maestro Kong tomó su cítara y su puso a cantar para que lo oyera.

XVII-21. *Zai Wo* preguntó acerca de los *tres años* de luto: «*Un año ya es mucho tiempo*. Si un *hidalgo*, en tres años, no practica los *ritos*, los ritos caerán en desuso. Si, en tres años, no practica la *música*, la música se hallará en decadencia. [En un año,] cuando se agota el grano [de la cosecha] pasada, crece el nuevo, y *la madera de lumbre inicia un nuevo [ciclo]*. Un año de luto es suficiente».

El Maestro contestó: «[Tras un año de luto,] ¿te placería comer arroz y vestir brocados?».

[Zai Wo] dijo: «Sí».

«Pues si te place, hazlo. Mientras observa el luto, el hidalgo encuentra insípidos los manjares y no halla deleite en la música, ni sosiego en su estancia habitual. Por eso no hace [lo que propones]. [Pero] si ahora te place, hazlo.»

Cuando Zai Wo se hubo retirado, el Maestro dijo: «¡Qué inhumanidad, la de *Yu*! Un hijo no abandona el regazo de sus padres hasta tres años después de su nacimiento. Por ello el luto dura tres años por doquier bajo el cielo. ¡Yu debe tres años de amor a sus padres!».

XVII-22. El Maestro dijo: «¡Qué insufribles son ésos que pasan días enteros comiendo hasta quedar ahítos, sin emplear su mente en nada más! ¿Por qué no juegan al ajedrez? Sería mejor que no hacer nada».

XVII-23. *Zilu* dijo: «¿Estima el *hidalgo* la valentía?».

El Maestro dijo: «El hidalgo da prioridad a la *justicia*. Si el hidalgo es valiente pero injusto, se desmanda. Si el *villano* es valiente pero injusto, se vuelve bandido».

XVII-24. *Zigong* preguntó: «¿También el *hidalgo* tiene aversiones?».

El Maestro dijo: «Las tiene, sí. Odia a quienes hablan mal de los demás, a los de *río abajo* que calumnian a los de río arriba, a los arrojados que no observan los *ritos*, a los temerarios y obcecados». Y añadió: «Y tú, ¿también tienes tus aversiones?».

«Odio a los plagiarios que se hacen pasar por *sabios*, a los descomedidos que se hacen pasar por valientes, a los maldicientes que se hacen pasar por francos».

XVII-25. El Maestro dijo: «Las gentes más *difíciles de criar* son las doncellas y los *villanos*. Tratados con familiaridad, se vuelven insolentes. Tratados con distancia, se llenan de resentimiento».

XVII-26. El Maestro dijo: «Quien a la edad de cuarenta años sigue siendo odiado lo será siempre».

LIBRO XVIII

XVIII-1. *El señor Wei se alejó de* [*Zhou Xin*], el *señor* Ji fue hecho esclavo y Bi Gan murió por haberlo amonestado. El *Maestro Kong* dijo: «Los *Yin* tuvieron tres hombres de *humanidad*».

XVIII-2. *Liuxia Hui* fue varias veces destituido de su cargo de juez. Alguien le dijo: «¿Por qué no os vais [a otras tierras]?"».
[Liuxia Hui] contestó: «Si sirvo con rectitud, dondequiera que vaya [correré el riesgo de ser] varias veces destituido. Y si es para servir aviesamente, ¿qué necesidad tengo de abandonar la tierra de mis padres?».

XVIII-3. El *duque Jing* de *Qi* dijo acerca del tratamiento que daría al *Maestro Kong*: «No puedo tratarlo igual que al *señor Ji*. Lo trataré como [si fuera de rango] intermedio entre *Ji y Meng*».
[Más tarde] dijo: «Soy viejo, ya no puedo tomarlo a mi servicio». Y el Maestro Kong se fue.

XVIII-4. Las gentes de *Qi* enviaron [un grupo de] cantantes y danzarinas. El *señor Ji Huan* aceptó [el regalo]. En tres días no hubo audiencia en la corte. El *Maestro Kong* se fue.

XVIII-5. *Jieyu*, un cínico de Chu, cantó al pasar ante el *Maestro Kong*: «¡Ay, Fénix! ¡Ay Fénix! ¡Cómo declina tu *virtud*! No se puede censurar lo pasado, mas sí prevenir lo venidero. ¡Abandona! ¡Abandona! ¡Mal haya quien hoy gobierna».

El Maestro Kong bajó [del carro] y quiso hablarle, pero [el cínico] huyó con presteza, y no lo consiguió.

XVIII-6. *Changju* y *Jieni* estaban labrando juntos. Al pasar por allí, el *Maestro Kong* envió a *Zilu* a preguntarles [dónde se hallaba] el vado. Changju inquirió: «¿Quién es ése que conduce el carro?».

Zilu contestó: «Es *Kong Qiu*».

[El otro] insistió: «¿Kong Qiu, el de *Lu*?».

[Zilu] dijo: «El mismo».

[Changju] dictaminó: «Ése ya conoce el vado».

[Zilu] repitió la pregunta a Jieni, quien le dijo: «¿Quién sois?».

[Zilu] contestó: «Soy *Zhong You*».

[Jieni] dijo: «¿Eres discípulo de Kong Qiu de Lu?».

[Zilu] respondió: «Así es».

[Jieni] declaró: «Todo bajo el cielo fluye a raudales, ¿quién va a cambiar [su curso]? En lugar de seguir a uno que huye de los hombres [corruptos], ¿por qué no seguir a uno que huya del mundo?». Y siguió arando sin interrupción.

Zilu fue a informar [al Maestro]. Éste dijo, suspirando: «No puedo hermanarme con aves y bestias. Si no me relaciono con mis congéneres, ¿con quién voy a relacionarme? Si bajo el cielo reinara la *vía*, yo no buscaría el cambio».

XVIII-7. *Zilu* se había rezagado. Se encontró con un anciano que llevaba al hombro una vara de la que pendía un cuévano. Zilu le preguntó: «¿Habéis visto a mi Maestro?».

El anciano le contestó: «Nada haces con tus cuatro extremidades, ni distingues entre los *cinco granos*, ¿quién es tu maestro?». Y se puso a escardar, apoyado en su vara. Zilu [esperó] en pie, juntando las manos [respetuosamente].

[Esa noche, el anciano] le dio hospedaje y, para cenar, mató un pollo y preparó mijo. También le presentó a sus dos hijos. A la mañana siguiente, Zilu se puso en camino e informó [al Maestro de lo ocurrido].

El Maestro dijo: «Ése es uno que se ha retirado del mundo», y mandó a Zilu que volviera a verlo. Pero cuando [Zilu] llegó, [el anciano] se había ido.

Zilu dijo: «No es *justo* rechazar un cargo. No se puede rechazar el decoro en la relación entre mayores y menores. Siendo así, ¿cómo se va a rechazar la justicia en la relación entre señor y vasallo? El deseo de preservar la pureza puede desbaratar los principios sociales más fundamentales. Para el *hidalgo*, el ejercicio de un cargo es lo justo. El que la *vía* no sea seguida es cosa sabida».

XVIII-8. Se retiraron [del mundo] *Boyi, Shuqi, Yuzhong, Yiyi, Zhuzhang, Liuxia Hui* y *Shaolian*. El Maestro dijo: «No se rebajaron en sus aspiraciones, no se humillaron en su dignidad, así fueron Boyi y Shuqi. En cuanto a Liuxia Hui y Shaolian, se rebajaron en sus aspiraciones y se humillaron en su dignidad, pero sus palabras fueron sensatas, y meditados sus actos, eso sí. De Yuzhong e Yiyi diré que vivieron retirados y *hablaron libremente*. Su dignidad quedó intacta, e incluso apartados conservaron su influencia. En lo que a mí respecta, soy diferente; no admito ni rechazo nada [a priori]».

XVIII-9. El *gran maestro [de música] Zhi* huyó a *Qi*. Gan, el [músico] del segundo servicio de mesa, huyó a Chu. Liao, el del tercer servicio de mesa, huyó a Cai. Que, el del cuarto servicio de mesa, huyó a Qin. Fangshu, el tamborilero, cruzó el Río [Amarillo]. Wu, el atabalero, cruzó el [río] Han. Yang, el maestro adjunto, y Xiang, el tañedor de piedras sonoras, se hicieron a la mar.

XVIII-10. El *duque de Zhou* dijo a [su hijo,] el *duque de Lu*: «El *hidalgo* no abandona a sus allegados, no da lugar al descontento de sus vasallos por no haberlos tomado a su servicio, no se desprende de los [que le vienen sirviendo] de antiguo si no es por razones de peso, no exige a un solo hombre la perfección en todo».

XVIII-11. *[La dinastía] Zhou tuvo ocho letrados:* los primogénitos Da y Gua, y los segundones Tu y Hu, Ye y Xia, Sui y Gua.

LIBRO XIX

XIX-1. *Zizhang* dijo: «El *letrado* [es capaz de] sacrificar su vida ante el peligro y de pensar, ante la perspectiva de un logro, en la *justicia* [de su obtención]. Muestra reverencia en la ofrenda y aflicción en el duelo. Con eso es suficiente».

XIX-2. *Zizhang* dijo: «Quien practica la *virtud* sin magnanimidad y profesa la *vía* sin profundidad, ¿puede considerarse que las posee o que carece de ellas?».

XIX-3. Los discípulos de *Zixia* preguntaron a *Zizhang* acerca de las relaciones [humanas]. Zizhang dijo: «¿Qué dice Zixia [al respecto]?».
Le contestaron: «Zixia dice: "relacionaos con los [hombres] capaces, evitad a los incapaces"».
Zizhang dijo: «Esto no es lo que me enseñaron. El *hidalgo* venera al excelente y tolera a la multitud; honra al hábil y compadece al inepto. Si soy excelente, ¿qué no voy a tolerar en los demás? Si no lo soy, los demás me evitarán [por ello, de modo que] ¿cómo voy a evitarlos yo?».

XIX-4. *Zixia* dijo: «Hay *vías menores* que son ciertamente dignas de consideración. Pero quien va lejos teme enfangarse, por ello el *hidalgo* no se encamina por ellas».

XIX-5. *Zixia* dijo: «De quien advierte, día a día, sus carencias y recuerda, mes a mes, lo que ya sabe, puede decirse que ama el estudio».

XIX-6. *Zixia* dijo: «Extender el estudio y afirmar la voluntad, informarse estrechamente, reflexionar íntimamente, en ello se halla la *humanidad*».

XIX-7. *Zixia* dijo: «Los artesanos permanecen en sus talleres para llevar a cabo sus ocupaciones, el *hidalgo* estudia para perfeccionar su *vía*».

XIX-8. *Zixia* dijo: «El *villano* siempre adorna sus errores».

XIX-9. *Zixia* dijo: «El *hidalgo* tiene tres semblantes: "De lejos, su aspecto es imponente; de cerca, es afable; oyéndolo hablar, es severo"».

XIX-10. *Zixia* dijo: «El *hidalgo* sólo exhorta a sus gentes [al trabajo] cuando se ha hecho digno de su confianza; si [el hidalgo] no inspira confianza, [sus gentes] se consideran sojuzgadas. Sólo censura [a su señor] cuando se ha hecho digno de confianza, si [el hidalgo] no inspira confianza, [su señor] se considera agraviado».

XIX-11. *Zixia* dijo: «La barrera de la *virtud* primordial no puede ser franqueada. Por la de las virtudes menores se puede entrar y salir».

XIX-12. *Ziyou* dijo: «Los discípulos y alumnos de *Zixia*, mientras se trate de rociar [de agua el suelo] y barrer, intercambiar cortesías, presentarse y retirarse, son aptos. Pero eso no son más que los vástagos de las ramas, ¿cómo pueden prescindir de la raíz?».

Al oírlo, Zixia dijo: «¡Ay, cómo se equivoca *You*! En la *vía* del *hidalgo*, ¿qué [debe] transmitirse primero, qué [puede] dejarse para después? Sucede como entre las plantas y los árboles, que se dividen en distintas variedades. En la *vía* del hidalgo, ¿cómo puede haber [aspectos] dignos de descrédito? ¡Sólo el *santo* [la abarca en su totalidad,] de principio a fin».

XIX-13. *Zixia* dijo: «Si vuestro cargo os deja algún ocio, estudiad. Si el estudio os deja algún ocio, ejerced vuestro cargo».

XIX-14. *Ziyou* dijo: «El luto debe llevar a la aflicción, pero no a más».

XIX-15. *Ziyou* dijo: «Mi amigo *[Zi]zhang* es un hombre de mérito, pero no llega a la *humanidad*».

XIX-16. El *Maestro Zeng* dijo: «¡Qué imponente es *[Zi]zhang*! Es difícil ir a su altura en la práctica de la *humanidad*».

XIX-17. El *Maestro Zeng* dijo: «Aprendí esto del Maestro: no manifiesta el hombre espontáneamente [sus sentimientos más íntimos], sólo en el luto por sus padres».

XIX-18. El *Maestro Zeng* dijo: «Aprendí esto del Maestro: La *piedad filial* del *señor Meng Zhuang* era igualable en muchos aspectos, pero [la que mostró] al no cambiar a los subordinados de su padre y [al seguir] su política era difícilmente igualable».

XIX-19. El *señor Meng* nombró juez a *Yang Fu*. [Éste] pidió consejo al *Maestro Zeng*, quien le dijo: «Hace ya tiempo que los gobernantes andan desviados y el pueblo está desmandado. Si consigues [esclarecer] la realidad [de un caso], siente tristeza y conmiseración, no te ufanes».

XIX-20. *Zigong* dijo: «La maldad de *Zhou [Xin]* no era tan extremada [como la pintan]. Por eso el *hidalgo* teme hallarse *río abajo*, donde van a parar todos los males del mundo».

XIX-21. *Zigong* dijo: «Los errores del *hidalgo* son como los eclipses del sol y de la luna. Cuando yerra, todo el mundo lo advierte; cuando se enmienda, todo el mundo lo admira».

XIX-22. *Gongsun Chao* de *Wei* preguntó a *Zigong*: «¿Dónde aprendió *Zhongni*?».
Zigong le contestó: «La *vía* de [los *reyes] Wen* y *Wu* no se halla aún en decadencia, pervive entre los hombres. Los hombres excelentes conocen de ella lo principal, los que no lo son conocen de ella los detalles. Nadie hay que no posea la vía de Wen y Wu. ¿Dónde no iba [mi] Maestro a aprender? ¿Por qué iba él a tener un maestro determinado?».

XIX-23. *Shusun Wushu* dijo, hablando con los grandes oficiales en la corte: «*Zigong* es más sabio que *Zhongni*».
Zifu Jingbo lo transmitió a Zigong. Éste dijo: «[Si ponemos] por ejemplo los muros de los palacios, el mío, [en altura,] llega hasta el hombro. Asomándose, uno ve toda la bondad de la mansión. El muro del Maestro mide varias varas. Si uno no encuentra la puerta de acceso a su interior, no percibe la belleza del templo de los antepasados ni el esplendor de las numerosas estancias. Pocos hay que hayan encontrado esa puerta. [Siendo así] ¿no es comprensible lo que ha dicho ese señor?».

XIX-24. *Shusun Wushu* vilipendió a *Zhongni. Zigong* dijo: «De nada le servirá. Zhongni es inasequible al vilipendio. Las demás eminencias son como colinas que puede uno sobrepasar. Zhongni es como el sol y la luna, que no hay modo de superar. Por mucho que alguien quisiera prescindir [de su luz], ¿qué daño haría al sol y a la luna? A la vista está que no conoce [su propia] medida».

XIX-25. *Chen Ziqin* dijo a *Zigong*: «Sois [demasiado] reverente. ¿Como se puede considerar a *Zhongni* más eminente que vos?».

Zigong dijo: «En una frase, el *hidalgo* muestra su sabiduría o su ignorancia, [de modo que] no puede dejar de ser prudente en lo que dice. El Maestro era inalcanzable, igual que no se puede subir al cielo con una escala. [Si] el Maestro hubiera tenido un señorío [que gobernar], [habría realizado] las palabras: "Hace que se establezcan [las gentes], y se establecen; les da guía, y avanzan; las pacifica, y acuden a él; las mueve, y responden. En vida, es glorificado. Muerto, es llorado". ¿Cómo podría uno alcanzarlo?».

LIBRO XX

XX-1. *Yao dijo*: «¡Oh, *Shun*! La sucesión celeste se halla [ahora] en tu persona. Mantén con justedad el *medio*. Si la miseria [se abatiera sobre lo que se halla entre] los *cuatro mares*, la gracia del cielo cesaría por siempre».

Asímismo transmitió Shun el mandato a *Yu*.

[*Tang*] dijo: «Yo, [tu] humilde hijo, tengo la osadía de sacrificar un toro negro, tengo la osadía de proclamar, Augusto Soberano [del cielo], que no me atreveré a absolver a culpable alguno, ni ocultaré a tus siervos; en tu corazón está el juicio. Si es culpable mi persona, que no se atribuya [mi falta] a las diez mil tierras. Si las diez mil tierras son culpables, atribúyase su falta a mi persona».

Zhou concedió abundantes dones [de señoríos], y los hombres de bien prosperaron.

[El *rey Wu* dijo:] «Tengo mis deudos, pero prefiero a los hombres de *humanidad*. Si el pueblo yerra, [atribúyase su falta] a mí solo».

Prestó atención a los pesos y medidas, consideró con cuidado las leyes y reglas, restableció los cargos abolidos, y por doquier extendió su gobierno. Restauró los estados arruinados, reanudó los linajes interrumpidos, promovió a quienes se habían retirado [para no sufrir gobiernos ingratos], y todo el mundo bajo el cielo le fue adicto de corazón.

Lo que más le importaba era el pueblo, los alimentos, el luto y las ofrendas.

Su magnanimidad conquistó a las multitudes, su *sinceridad* le mereció la confianza del pueblo, su diligencia dio grandes resultados, y su equidad produjo dicha.

XX-2. *Zizhang* preguntó al *Maestro Kong*: «¿Qué hay que hacer para ejercer un cargo de gobierno?».

El Maestro dijo: «Respetando las cinco bondades y rechazando los cuatro vicios, se puede gobernar».

Zizhang preguntó: «¿Cuáles son las cinco bondades?».

El Maestro contestó: «El *hidalgo* es benefactor, pero no derrochador; exhorta [al trabajo], pero no provoca resentimiento; tiene deseos, pero no codicia; posee grandeza, pero no soberbia; es imponente, pero no hosco».

Zizhang dijo: «¿En qué consiste "ser benefactor, pero no derrochador"?».

El Maestro explicó: «*Beneficiarse de lo que al pueblo beneficia*, ¿acaso no es ser benefactor, pero no derrochador? Si exhorta a lo factible, ¿quién abrigará resentimiento? Si desea *humanidad* y la obtiene, ¿qué codicia cabe en él? El *hidalgo* jamás se permite el desdén, ya se trate de poblaciones abundantes o escasas, de [gentes] grandes o humildes, ¿acaso no es poseer grandeza sin soberbia? El hidalgo se esmera en su vestimenta y su tocado, y tiene en mucho su aspecto; majestuoso, los demás lo admiran con reverencia, ¿acaso no es ser imponente, pero no hosco?».

Zizhang preguntó: «¿Cuáles son los cuatro vicios?».

El Maestro dijo: «La barbarie de quien mata en lugar de educar, la tiranía de quien exige resultados sin previo aviso, la traición de quien ordena sin prisa y se torna súbitamente acuciante, así como [la cicatería] oficinesca de quien recompensa a los demás pagando con avaricia».

XX-3. El Maestro dijo: «Quien no conoce el valor del *mandato* no puede ser *hidalgo*. Quien no conoce el de los *ritos* no puede consolidarse. Quien no conoce el de las palabras no conoce a los hombres».

NOTAS

Acorralado en Kuang (*wei yu kuang*): Confucio corrió peligro de muerte al ser confundido por las gentes de la ciudad de Kuang, en la frontera de **Lu**, con **Yang Huo**, un temido personaje que había realizado incursiones y matanzas en la zona. La reacción de Confucio, convencido de su **virtud** y de su deber civilizador, puede compararse a la que tiene en el versículo VII-22. Ver también **Huan Tui**. En: IX-5, XI-22.

Almacén mayor (*chang fu*): almacén del tesoro y del armamento. Se suele considerar la sugerencia de **Min Ziqian** como una expresión encubierta de lealtad al señor de **Lu**, el **duque Zhao**, que tiempo atrás se había defendido del ataque de la **casa Ji** en ese edificio fortificado. En: XI-13.

Antaño tenía un amigo (*xi zhe wu you*): Se considera tradicionalmente que se trata de **Hui**. En: VIII-5.

Ao: Ver **Yi**.

Apacible y risueño (*shen shen ru ye, yao yao ru ye*): También se puede interpretar: «ordenado (o arreglado, compuesto) y distendido». En VII-4.

Aprender, aprendizaje (*xue*): ver **estudiar**.

Apresuraba el paso (*qu* o *zu jue*): convención de cortesía que expresa deferencia, diligencia y discreción. En: IX-9, X-3, X-4, XVI-13.

Armonía (*he*): como explica Yang Bojun citando el *Zuo zhuan*, *he* es la feliz combinación de elementos diversos, como en la música o en la cocina: si un plato está demasiado insípido, se sazona; si está demasiado fuerte, se diluye con agua. «Así es el **hidalgo**. Si en lo que el señor considera conveniente hay objeción, que su vasallo indique respetuosamente la objeción y lleve a cabo lo conveniente. Si en lo que el señor considera objeción hay conveniencia, que su vasallo indique respetuosamente la conveniencia y resuelva la objeción». El resultado será la armonía en política y, en consecuencia, el orden y la paz en el territorio. En cuanto a la **conformidad**

137

(*tong*), «Si lo que el señor considera conveniente [su vasallo] Ju también dice que es conveniente, si lo que el señor considera objeción Ju también dice que es objeción, es como condimentar agua con agua: ¿quién querría tomarla? O como tañer en monotonía el laúd o la cítara: ¿quién querría escucharlo? Ése es el inconveniente de la **conformidad**». (Yang Bojun, *Lun yu yi zhu*, Zhonghua shuju, Beijing 1980, pág. 142). En: I-12, XIII-23

Arremeten inermes contra un tigre, cruzan el río [Amarillo] sin barca (*pao hu ping he*): expresión que ha pasado al lenguaje popular refiriéndose a la valentía temeraria. Se encuentra en el *Libro de las odas* (II-V-1). Confucio reconviene irónicamente al fogoso y marcial **Zilu** (ver **You**) que, quizá envidioso por lo que el Maestro ha dicho a su discípulo favorito, Yan Yuan (**Hui**), hace esta pregunta que recuerda el versículo V-6 (ver **no hay con qué hacer la balsa**). En VII-10.

Artes (*yi*): se trata de las "seis artes" (*liu yi*): **ritos, música, tiro al arco, conducción de carro**, escritura y matemáticas. Ver **estudiar** e **ilustrarse**. En: VII-6.

Asustado, se eleva, revuela y se posa (*se si ju yi, xiang er hou ji*): Uno de los párrafos más desconcertantes del *Lun yu* Ningún comentario antiguo o moderno ha logrado dilucidarlo. Hay quien interpreta *se* como un cambio en la expresión de Confucio al ver un pájaro o grupo de pájaros elevarse. Quizá resulte más concebible, dentro de lo que cabe, aplicar *sesi* ("demudarse el semblante", pero también "sobresaltado"), al hipotético pájaro que no se menciona hasta la exclamación atribuida a Confucio, exclamación que, a su vez, puede interpretarse de diversas maneras, y ninguna particularmente reveladora. Quizá la menos extravagante sea que Confucio admira la capacidad del pájaro para adaptarse a las circunstancias y retirarse a tiempo. En cuanto a la última frase, dice literalmente: «Zilu saludó respetuosamente, olisqueó (*xiu*) tres veces y se levantó». Pero la mayoría de los intérpretes consideran que *xiu* es una errata y substituyen la palabra "olisquear" por "gritar" o "aletear", de grafías parecidas, refiriéndose al pájaro, en cuyo caso la traducción sería: «Zilu saludó respetuosamente [al pájaro], [éste] gritó (o aleteó) tres veces y alzó [el vuelo]». Lo único evidente es que se trata de un párrafo incompleto. En: X-18.

Atado de cecina (*shu xiu*): Atado de diez lonjas de carne curada y especiada que servía de regalo ritual en una primera visita, en este caso, la visita en que un futuro discípulo solicita la enseñanza del Maestro. Varias interpretaciones son posibles: (1) considerando *yi shang* como "a partir del momento en que" o "partiendo de [la base de]", el "atado de cecina" sería prácticamente sinónimo de "primera visita", y la frase significaría: «Nunca he denegado mis enseñanzas [a alguien,] siempre que haya venido espontáneamente a solicitármelas»; (2) considerando *yi shang* como "a partir de [un mínimo]" y el "atado de cecina" como lo menos que se puede ofrecer a un maestro en pago por sus enseñanzas, lo más humilde, dando a entender que el futuro discípulo es pobre. En: VII-7.

Beneficiarse de lo que al pueblo beneficia (*yin min zhi suo li er li zhi*): la frase se presta a diversas interpretaciones, en función de los posibles complementos de *li* ("beneficiarse de" o "beneficiar a"), como, por ejemplo, "beneficiar al pueblo con lo que lo beneficia" o "beneficiar lo que al pueblo beneficia". Pero la primera parece redundante y un tanto absurda, y la segunda, plausible, aunque no resulta evidente su relación con el hecho de ser o no "derrochador". Quizá resulte más lógico pensar que fomentar lo que beneficia al pueblo es ser benefactor, y beneficiarse de ello es no ser derrochador. En: XX-2.

Benevolencia (*shu*): *Shu* es un concepto complementario de *zhong* (**lealtad**). Según la definición que da Confucio en XV-23, consiste en no hacer a los demás lo que no deseamos que los demás nos hagan, lo que hace que se considere como el aspecto negativo de *zhong*. Se ha traducido de muy diversas maneras: "respeto (o lealtad) hacia los demás" (tomando *zhong* como la "lealtad a uno mismo"), "reversibilidad", "reciprocidad", "equidad", "correspondencia", "consideración", "deferencia", "mansedumbre", "indulgencia". Basándome en el diccionario etimológico *Shuo wen jie zi*, he preferido optar por el sentido más amplio de "buena voluntad". En: 4-15, XV-23.

Bi Xi: gobernador de Zhongmou (actual provincia de Hebei), plaza fuerte del señor Fan, en el ducado de Jin. En: XVII-7.

Boniu: Nombre público de Ran Geng, discípulo de Confucio. Se supone que murió de lepra, lo que justificaría la entrevista a través de la ventana y las lamentaciones del Maestro. En VI-8, XI-2.

Notas

Boyi: Él y su hermano menor **Shuqi** son personajes de la dinastía **Yin**, célebres por su deferencia, su **piedad filial** y su **lealtad**. Su padre, el señor de Guzhu, había nombrado heredero a Shuqi, quien, por no tomar el mando antes que su hermano mayor, lo cedió a Boyi. Éste, para no desobedecer a su padre, lo rechazó. Ambos hermanos abandonaron el señorío. Más adelante, para no tener que servir al invasor, el **rey Wu** de los **Zhou**, y por fidelidad a su ya decadente dinastía, se dejaron morir de hambre. Ver **Soberano de Wei** y **El señor de Wei se alejó [de Zhou Xin]** En: V-22, VI-14, XVI-12, XVIII-8.

Boyu: ver **Li**.

Buen oído (*er shun*): La expresión *er shun* ha dado lugar a infinidad de interpretaciones debido a la diversidad de acepciones de *shun* y al laconismo del estilo. Podría ser también: "oído impasible" (ante la crítica o la adulación), "oído dócil" (atento, capaz de escuchar a los demás), "oído obediente" (al **mandato** divino), además de otras posibilidades más dudosas. He optado por la acepción de *shun* que parece más probable, la de "fluidez", ya que, como se puede observar en cierto número de caracteres, la acuidad del oído, como la de la vista, está íntimamente relacionada con la inteligencia, la penetración, etc. Por ejemplo, la palabra *cong* ("inteligencia") significa etimológicamente "buen oído", y la oreja es el elemento semántico del carácter *sheng* (**santo**); en cambio, *long* ("sordo") es también sinónimo de "obtuso", "necio". "Buen oído es, por tanto, "captar el mandato del cielo y acatarlo", es decir, alcanzar la **sabiduría**. En: I-4.

Buena fe (*yan you xin*): ver **Sincero, sinceridad**.

Cabello suelto y túnica abrochada a la izquierda (*pi fa zuo ren*): Los chinos llevaban el pelo recogido y la túnica cruzada delante. En: XIV-18.

Calendario de los Xia (*xia zhi shi*): El calendario de la dinastía **Xia** iniciaba el año en primavera y era más acorde con las estaciones, de modo que resultaba más beneficioso para la agricultura que el calendario utilizado por los **Zhou**, que iniciaba el año en invierno. El **carro de los Yin** era más sencillo y sobrio que el de los Zhou. En cambio, el **tocado de los Zhou** era más elaborado y, por tanto, más adecuado para las solemnidades. En: XV-10.

Campana (*mu duo*): Literalmente, "campana de bronce con badajo de madera", utilizada para convocar al pueblo y dar pregón. En este caso, se sugiere que Confucio tiene el **mandato** celeste de reencaminar el mundo hacia la **vía**. Yi se encontraba en la frontera de **Wei**, adonde Confucio había ido con esperanza de que el duque lo tomara a su servicio (ver **Wangsun Jia**), sin éxito. El desaire al que se refiere el gobernador es el rechazo del señor de Wei. En III-24.

Capta la vía (*wen dao*): *wen* es también "oír", "oír hablar de", razón por la que muchos traductores interpretan «Quien por la mañana oye hablar de la **vía**, por la noche puede morir contento», pero parece una afirmación algo exagerada. Acerca de la relación entre la acuidad auditiva y la inteligencia, ver **buen oído**. En: IV-8.

Cárdeno (*gan*): cárdeno y **morado** son traducciones aproximadas de *gan* y *zou*, antiguos nombres de colores fríos de matiz azulado o violáceo o muy próximos al negro, color éste que se reservaba para las ropas de ceremonia. En cuanto al **rosado** y al **púrpura**, siendo colores de fausto, resultan inadecuados para la ropa diaria. Quizá la prohibición provenga también del hecho de que no sean colores puros, como sucede en **me irrita el púrpura, que suplanta al grana** del versículo XVII-18. En: X-6.

Carro de los Yin (*yin zhi lu*): ver **calendario de los Xia**.

Casa Ji (*ji shi*): ver **señor Ji**.

Celemines: literalmente, un *fu* ("calderada" de 6'4 celemines de entonces, unos 20'46 litros), un *yu* ("montón" de 16 celemines, unos 51 litros) y cinco *bing* (un *bing* = 160 celemines, más de 500 litros. El carácter *bing* significa "puñado", aunque, en el caso de la medida, debe de haber adoptado el significado de otro carácter homófono y grafía parecida que indica "granero" o "porción de grano público", sería un saco). En VI-3.

Chai (521-? a. de C.): Nombre de Gao Chai, de nombre público **Zigao**. Discípulo de Confucio. En: XI-17, XI-24.

Chamán (*wu yi*): también se puede traducir «…no vale ni para chamán ni para curandero». El chamanismo era muy practicado en el estado meridional de Chu. En: XIII-22.

Changju: Literalmente, «Siemprehúmedo». Él y **Jieni** ("Estacahundida" o "Eminenciahogada") eran, supuestamente, dos "cínicos" (ver **Jieyu**) de nombres aparentemente improvisados en función del acuático entorno. En todos los encuentros de Confucio con hombres retirados del mundo que le reprochan que malgaste tiempo y energía intentando cambiarlo, los personajes en cuestión tienen pintorescos nombres de circunstancia (en este caso, relacionados con las aguas del río o del vado) que hacen sospechar que se trata de episodios falsos del estilo de los que se encuentran en el *Zhuangzi*, destinados no se sabe muy bien si a ridiculizar a Confucio o si, en el caso del *Lun yu*, a resaltar el altruismo de quien, viviendo entre los hombres, prefiere tratar de ayudarlos a abandonarlos, aun sabiendo que lo que persigue es imposible. Ver también XIV-41-42. En: XVIII-6.

Chen: Ducado (en las actuales provincias de Henan y Anhui) adonde había acudido Confucio para tratar de ponerse al servicio del señor y donde él y algunos de sus discípulos sufrieron hambre y penalidades. En V-21, XI-2, XV-2.

Chen el Cumplido asesinó al duque Jian (*chen cheng zi shi jian gong*): Chen el Cumplido o Chen Cheng es otro nombre de Chen Heng. El **duque Jian** fue señor de **Qi** entre 484 y 481 a. de C. El *Zuo zhuan* cuenta que, tras el asesinato, Confucio, que ya no ocupaba ningún puesto oficial (el episodio tuvo lugar dos años antes de su muerte), pidió al **duque Ai** de **Lu** que atacara **Qi** aduciendo que el pueblo de dicho estado, escandalizado por el magnicidio, se pondría de parte de Lu. Pero el duque Ai, desmedrado, le aconsejó que se dirigiera a quien tenía en ese momento el poder efectivo: los **señores Ji**, **Meng** y **Shu**. Éstos desoyeron la propuesta de Confucio, sin duda porque Qi era considerablemente más grande y poderoso que Lu. En: XIV-22.

Chen Kang: ver **Ziqin**.

Chen Ziqin: ver **Ziqin**.

Chi: nombre de Gongxi Chi, de nombre público **Zihua** o Hua (también aparece como **Gongxi Hua**). Discípulo de Confucio. V-7, VI-3, VII-33, XI-20, XI-25.

Ci: Ver **Zigong**.

Ci, a ti, te importa el carnero; a mí, me importan los ritos (*er ai qi yang, wo ai qi li*): Cada año, al empezar el invierno, el **hijo del cielo** entregaba a sus grandes vasallos el calendario del año siguiente. Se conservaba el documento en el **templo mayor** y, el primer día de cada mes lunar, se sacrificaba un carnero. Tras la ceremonia, se celebraba una audiencia. Pero, en la época que nos ocupa, el **rey** no participaba en persona en la ceremonia, y no se celebraba audiencia. Dada la decadencia del ritual, **Zigong** encuentra dispendioso el sacrificio del carnero, pero, por esa misma decadencia, Confucio prefiere ese residuo a la desaparición completa de la ceremonia de los antiguos reyes **Zhou**, actitud que, dicho sea de paso, resulta contradictoria respecto a la que muestra en los versículos III-10 y III-11, tal como se interpretan tradicionalmente. En III-17.

Cielo (*tian*): ver **mandato del cielo.**

Cien *li*: el *li* es una medida de longitud que equivale actualmente a algo más de medio kilómetro, aunque en la época en cuestión era más corta. La expresión "cien *li*" se refería a un señorío cualquiera, no muy grande. VIII-6.

Cinco granos (*wu gu*): Los cinco tipos de semilla que se consideraban comestibles (el arroz, el mijo glutinoso, el mijo paniculado, el trigo y las legumbres). En: XVIII-7.

Cítara de You (*you zhi se*): Se considera generalmente que lo que molestaba al Maestro no era la cítara en sí, sino las marciales melodías que tañía **Zilu** (**You**). En: XI-14.

Colgante prendido a la cintura (*pei*): podía tratarse de adornos, pero a menudo eran distintivos del rango de quien los llevaba. Durante el período de duelo, el traje debía ser muy sencillo, incluso basto, de tela blanca de cáñamo y sin ribetes ni dobladillos, ni adorno alguno. En: X-6.

Con la cabeza hacia el oriente (*dong shou*): el este era el lugar del anfitrión (ver X-10, **exorcismo**). En: X-13.

Conducción de carro (*yu*): una de las seis artes (ver **estudiar**). El comentario de Confucio es irónico: el hombre de Daxiang le reprocha no destacar en ninguna especialidad, lo que, para Confucio es, en cierto modo, un cumplido. Ver **hidalgo, instrumento** y **vías menores**. IX-2.

Conformidad (*tong*): Ver **armonía.**

Corcel brioso (*ji*): *ji* era el nombre de un caballo extraordinario capaz de recorrer mil *li* en un día. La palabra pasó a tener el sentido figurado de "hombre excelente", "eminencia". En este versículo queda patente la oposición entre fuerza física (*li*) y fuerza moral o **virtud** (*de*). En: XIV-35.

¡Cuán pernicioso es dedicarse a criticar [a quienes profesan] principios distintos! (*gong hu yi duan, si hai ye yi*): Una vez más, lo escueto del estilo y la diversidad de acepciones de *gong* ("atacar", "criticar con saña", "dedicarse por completo a", "aplicarse") provocan gran variedad de interpretaciones. La más común viene a ser: «¡Cuán pernicioso es dedicarse a doctrinas heterodoxas!», interpretación anacrónica, según el comentario de Yang Bojun, ya que no existían, en aquella época, las diferentes escuelas filosóficas que conocemos, ni el confucianismo como doctrina "ortodoxa". Otra sería: «¡Cuán pernicioso es atacar [un problema] por el lado opuesto (o equivocado)!». Otra, la del mismo Yang Bojun: «¡Atacad las doctrinas incorrectas, y podréis eliminar todos los males!». En II-16.

Cuando había sacrificio en la corte... (*ji yu gong*): según indica Yang Bojun, los miembros de la nobleza solían colaborar en las ofrendas aportando un animal que era sacrificado ese mismo día, antes de proceder a la ceremonia. Al día siguiente, se volvía a ofrendar. Tras la segunda ceremonia, cada cual podía llevarse la carne del animal que había aportado, de modo que hasta el reparto había pasado un par de noches, razón por la cual no convenía conservarla más tiempo. En: X-8.

Cuatro mares (*si hai*): expresión equivalente a "bajo el cielo" (*tian xia*): el mundo chino. Ver introducción. En: XX-1.

Cumpliendo sus deberes... (*xiao ti*): el respeto a los padres y mayores y el cumplimiento de los deberes hacia ellos constituyen la virtud de la **piedad filial** y la base de las relaciones sociales, del orden, la paz y la prosperidad del país, ya que representan, en el ámbito familiar y a pequeña escala, la armonía, el respeto y la confianza que debería reinar entre los vasallos y el soberano. En un nivel superior, representa la conformidad con el orden cósmico (la vía, *dao*). Por eso la piedad filial es la raíz (en I-2) que, desarrollada, lleva a la **humanidad** que, a su vez, conduce a la **vía**. Ver **últimos deberes** e introducción. En: I-2, I-6, I-7, I-11, II-5, II-6, II-7, II-8, II-20, II-21, IV-20, XI-4, XIII-20.

Da ejemplo, incita (*xian zhi, lao zhi*): también se puede interpretar «adelántate [para dar ejemplo al pueblo y, sólo entonces,] dale afán», pero considero más probable que *lao* ("afán", "trabajo penoso", "agotar al pueblo con prestaciones e impuestos" pero también "confortar", "incitar", "exhortar") tenga aquí el mismo significado que en XIV-8: animar al pueblo al trabajo sin que se sienta sojuzgado (ver **¿se puede amar sin exhortar?**). En: XIII-1.

Dantai Mieming: de nombre público Ziyu, discípulo de Confucio, aunque, por lo que se desprende de este versículo, en esa época no lo era aún. En VI-12.

Deduce los tres restantes (*yi san yu fan*): los tres ángulos restantes de un hipotético plano cuadrado o de los cuatro puntos cardinales. Acerca de la capacidad de deducción que tanto valora Confucio en un discípulo, ver también I-14, II-9, III-8 y **En lo sabido captas lo tácito**. En VII-8.

Descendientes de los tres Huan (*san huan zhi zi sun*): los tres Huan son los señores de las **tres casas** dominantes en Lu: Meng, Shu y Ji (ver **señor Ji** y **Señor Meng Yi**), vástagos del duque Huan de **Lu** (no confundir con el **duque Huan** de **Qi**). Según la teoría que Confucio expresa en el versículo anterior (XVI-2) y teniendo en cuenta que los tres Huan tenían rango de grandes oficiales, sólo les quedaba una generación de poder. En: XVI-3.

Desviado: ver **vía**.

Diagrama (*tu*): Ver **no viene el fénix**...

Dian: ver **Zeng Xi**.

Difíciles de criar (*nan yang*): *yang* es "criar" en los sentidos de "alimentar", "educar" y también "mantener". La palabra *nü zi*, por otra parte, puede significar tanto "mujer" en general como "doncella", "virgen", "niña". Las interpretaciones están, pues, divididas: unos optan por "mujeres", traduciendo "las personas de trato más difícil (o más difíciles de educar) son las mujeres y los villanos"; otros, por la que he empleado. Ambas son posibles, ya que *yang nü* (*zi*) puede ser "mantener a una mujer" (esposa, amante o prostituta) o "criar a una doncella" (para convertirla en sirvienta o concubina). Por el contexto y por el hecho de que, en el versículo VIII-20 en que aparece una mujer, se emplea la palabra *fu* ("mujer" en general y "mujer casada" en particular), parece más probable la segunda opción, o sea la de la doncella-criada. En: XVII-25.

Duque Ai (*ai gong*): señor de **Lu** desde 494 hasta 466 a. de C., si bien el poder efectivo estaba en manos de las **tres casas**: Ji, Meng y Shu. En: II-19, III-21, VI-2, XII-9, XIV-22.

Duque de Lu (*lu gong*): primogénito del **duque de Zhou** y fundador de la casa ducal de **Lu**. En: XVIII-10.

Duque de She (*she gong*), gobernador del distrito She (actual Henan). En: VII-18, XIII-16, XIII-18.

Duque de Zhou (*zhou gong*, siglo XII a. de C.): de apellido Ji, de nombre Dan, hijo del **rey Wen** (ver **Zhou**) y hermano menor del **rey Wu**, instaurador de las principales instituciones de la dinastía **Zhou**, fundador de la casa ducal de **Lu** y uno de los personajes que más veneraba Confucio por la eminencia de su talento y su **humanidad**. Es el modelo que Confucio habría imitado, como lo da a entender en XVII-5 (ver **Gongshan Furao**), si hubiera tenido ocasión de desplegar su **virtud**. Por lo que sugiere el versículo VII-5, con el tiempo, el Maestro había perdido la esperanza de alcanzar ese ideal. En: VII-5, VIII-11, XI-16, XVIII-10.

Duque Ding (*ding gong*): señor de **Lu** desde 509 hasta 495 a. de C. En: III-19, XIII-15.

Duque Huan (*huan gong*): señor de **Qi** entre 685 y 643 a. de C. Tuvo por primer ministro a **Guan Zhong**. Al igual que el **duque Wen** de Jin, una de las cinco hegemonías del período Primaveras y Otoños (siglos VII y VI a. de C.). Cuando Huan tomó el poder en **Qi**, mató a su hermanastro, el señor **Jiu**. **Shao Hu**, uno de los consejeros de éste, se suicidó por lealtad. **Guan Zhong**, en cambio, se puso al servicio de Huan. Según se desprende del versículo XIV-18, el duque Huan debe su hegemonía a Guan Zhong. En: XIV-16, XIV-17, XIV-18.

Duque Jing (*jing gong*): señor de **Qi** entre 546 y 486 a. de C. EN: XII-11, XVI-12, XVIII-3.

Duque Ling (*wei gong*): señor de **Wei** entre 534 y 492 a. de C. Ver **Nanzi, más vale adular al espíritu del hogar...** y **Wangsun Jia**. En: XIV-20, XV-1.

Duque Wen (*wen gong*): señor de **Jin** entre 636 y 628 a. de C. Obtuvo la hegemonía en el período Primaveras y otoños (siglos VII y VI a. de C.). En: XIV-16.

Duque Zhao (*zhao gong*): señor de **Lu** entre 541 y 510 a. de C. Zhao ("Brillante") es su nombre póstumo. Se casó con una dama de la casa de Wu, apellidada Ji, igual que la familia ducal de Lu, lo cual estaba prohibido. Según la costumbre, la dama debía llamarse Ji de

Wu (*Wu Ji*). Pero, para disimular la endogamia, se omitió el apellido de la mujer y se le dio el nombre de Dama Primogénita de Wu
(*Wu Mengzi*). Confucio, sin duda, estaba al corriente del asunto,
pero no habría sido leal por su parte criticar a su propio señor ante
un forastero. En VII-30.

Educación (*xue*): ver **Estudiar.**

El hidalgo es universal, no es parcial (*jun zi zhou er bu bi*): la imparcialidad es también propia del **rey**, o **santo**, y del **cielo**. En el
Libro de los documentos, Confucio dice: «El cielo cubre y ampa-
ra todas las cosas sin parcialidad; la tierra las lleva sin parcialidad;
el sol y la luna iluminan sin parcialidad. El cielo, la tierra, el sol y
la luna dispensan estos tres beneficios a todo el universo por
igual». (Ver Couvreur, *Les Annales de la Chine*). Ver también IV-
10. En: II-14.

El hidalgo no utilizaba (*jun zi bu yi*): Se suele considerar que el **hidalgo** aquí en cuestión es Confucio. En todo este capítulo X, sólo
se menciona explícitamente al Maestro en el primer versículo. En
los demás, queda sobreentendido, si bien algunos parecen manua-
les del buen vestir y del buen comer del hidalgo. En: X-6.

El hidalgo piensa en no exceder su situación (*jun zi si bu chu qi wei*):
Se trata de una cita casi textual de una de las explicaciones del hexagrama número 52 del *Libro de las mutaciones*: estar en la situación
adecuada en el momento oportuno y no intentar sobrepasar las prerrogativas de dicha condición. Dicho esto, hay quien interpreta que,
aquí, el **Maestro Zeng** contesta a la sentencia de Confucio en el versículo anterior (XIV-27), que no es sino la repetición de la del versículo VIII-14. En: XIV-28.

El [hombre más] eminente huye del mundo (*xian zhe bi shi*): El versículo es algo oscuro y se suele considerar como una incitación a
la prudencia en tiempos políticamente agitados: a falta de retirarse del mundo, lo mejor es huir del ducado conflictivo. Si no, evitar expresar la reprobación a través del semblante o de las palabras.
También hay quien interpreta que se trata de evitar los "gestos y
las palabras [que alejan de la vía]". En: XIV-39.

El plebeyo empieza por progresar en los ritos y en la música (*xian
jin yu li yue, ye ren ye*): Existe otra interpretación consistente en considerar *xian jin* (literalmente, "primero progresar") como "anterio-

res generaciones", o sea "los antiguos", *hou jin* ("después progresar")
como "posteriores generaciones, o sea "los contemporáneos", y *ye
ren* ("hombre salvaje", "rústico", pero también "hombre que no está
en el ámbito del poder", "que no es cortesano", "plebeyo") como
"bruto", que tiene por resultado: «[Hoy en día, se considera que] los
antiguos eran zafios en cuestión de ritos y música y que los contemporáneos son hijosdalgo. En la práctica, sigo a los antiguos», pero
parece bastante forzada y obliga a interpolar que se trata de una opinión actual para que no parezca que Confucio insulta a los antiguos,
cosa impensable. El propio Confucio no era señor feudado, y sólo
pudo aspirar a un cargo oficial en función de su sabiduría, su **virtud**
y su cultura. En cambio, los **hijosdalgo**, aquí en sentido propio, ob-
tenían los mejores puestos por su posición social y no aprendían más
que sobre la marcha, en el mejor de los casos. En: XI-1.

El sabio halla deleite en el agua; el humano, en la montaña (*zhi zhe
yao shui, ren zhe yao shan*): Pese a la aparente oposición entre el
sabio fluido, adaptable y libre; y el **humano** sólido, inmutable y
fijo, me inclino por la interpretación que ve en este versículo las
dos caras de una misma moneda. Como indican D. L. Hall y R. T.
Ames en *Thinking through Confucius*, «al igual que, tradicionalmente, tanto la 'montaña' (*shan*) como el "agua" (*shui*) han sido
consideradas necesarias para lograr belleza natural en una pintura
de paisaje (*shan shui*), tanto lo continuo como lo creativo son cons-
tituyentes necesarios de la persona completa». (*Thinking through
Confucius*). En: VI-21.

El señor Wei se alejó de [Zhou Xin] (*wei zi qu zhi*): Zhou Xin fue el
último rey de la dinastía Shang-**Yin**. Su crueldad y su depravación
fueron célebres. El señor Wei era su hermanastro. El señor Ji y Bi
Gan, tíos del tirano, tuvieron la osadía de amonestarlo. Para evitar
el castigo, Ji fingió locura y fue reducido a esclavitud. En cuanto a
Bi Gan, Zhou Xin decidió ver si era verdad que el corazón de un **santo** tenía siete orificios, según se decía, y se lo arrancó. En: XVIII-1.

[En cuanto a] los detalles rituales (*bian dou zhi shi*): literalmente,
«[en cuanto] al asunto de las vasijas de bambú (*bian*) y las de madera (*dou*)», refiriéndose a las menudencias del ritual: para eso, hay
gente especializada (ver **instrumental** y **vías menores**). No hace
falta que el **hidalgo** se ocupe de esas trivialidades. En VIII-4.

En el momento oportuno, levar a la práctica (*shi xi*): puede traducirse por "practicar con frecuencia", como sugiere Zhu Xi, pero el contexto y el uso más extendido de la palabra *shi* en la época invitan a preferir la primera opción, que, por otra parte, está íntimamente relacionada con el concepto de **justicia**. En: I-1.

En lo sabido captas lo tácito (*gao zhu wang er zhi lai zhe*): literalmente y según se suele admitir, «Diciéndote [cosas] del pasado (o sea lo conocido), captas lo que está por venir (lo desconocido)», aunque, dados los sentidos de *wang* y *lai*, también se puede interpretar «diciéndote [cómo] ir, sabes [cómo] volver» (como nuestro familiar "estar de vuelta de algo"). Confucio aprecia, en los discípulos, la capacidad de inferir enseñanzas a partir de sus lacónicas sugerencias y de descubrir nuevos aspectos en lo ya trillado como se ve en los versículos II-9, II-11, III-8, V-8 y VII-8. En: I-14.

En pocas palabras (*pian yan*): También se puede interpretar «[no oyendo más que] la declaración de una de las partes», no por parcialidad ni por negligencia, sino porque **Zilu (You)** tiene la **virtud** de hacer que se le diga espontáneamente la verdad; pero parece una explicación algo alambicada y, por otra parte, teniendo en cuenta el carácter impetuoso y un tanto irreflexivo de Zilu, la opción empleada parece más plausible. En: XII-12.

En palacio (*xiao qiang zhi nei*): según las distintas interpretaciones, puede tratarse del palacio del propio **señor Ji**, que es lo más lógico por el contexto, o del palacio del duque de **Lu**, quien, como aliado de **Zhuanyu**, era susceptible de intentar alguna acción contra la casa Ji. En: XVI-1.

En su porte y su ademán, evita la brutalidad y la altanería (*dong rong mao, si yuan bao man*): también es posible interpretar «Que dignifique su semblante y alejará la brutalidad y la insolencia [de los demás], que agrave su expresión y atraerá la sinceridad [ajena]». En: VIII-4.

Enseñanzas del Maestro: La frase entera ha sido objeto de diversas interpretaciones a causa de los posibles sentidos de *wen* ("oír", pero también "conocimiento por experiencia", "percibir", "recibir", entre otros significados), de *wenz hang* ("ornatos", "escritos", "insinuaciones", "cultura", entre otros significados) y dependiendo del alcance que se dé a la palabra *xing* ("naturaleza [de las cosas o los seres en general]" o "naturaleza [del hombre]"). También puede, por tanto, leerse: «Son asequibles los escritos del Maestro (o: Podemos oír sus enseñanzas) acerca de la civilización, no así sus palabras acerca de la naturaleza humana y la vía del cielo», considerando que se trata de la naturaleza del hombre y las leyes de la Naturaleza. P. Ryckmans, en cambio, prefiere hablar de naturaleza de las cosas, aduciendo que, si bien es verdad que Confucio evita hablar de lo metafísico, en cambio, la naturaleza humana es para él un constante objeto de reflexión. Me inclino por esta última interpretación, aunque he mantenido, en la traducción, la imprecisión original. En V-12.

Enseño, no discrimino (*you jiao wu lei*): literalmente, «haber/tener enseñanza, no haber/tener categorías». Una vez más, al igual que en el versículo VII-7, queda patente que la enseñanza y las consiguientes **hidalguía** y **humanidad** no dependen de la clase social, idea revolucionaria para la época. Ver también **atado de cecina**. En: XV-38.

Es más difícil ser pobre sin resentimiento que rico sin arrogancia (*pin er wu yuan nan fu er wu jiao yi*): se supone tradicionalmente que la primera parte de la frase es un elogio de la desprendida actitud del **señor Bo** en el episodio mencionado en el versículo anterior, siendo la segunda una crítica implícita a **Guan Zhong**. En: XIV-11.

Espíritu del suelo (*she*): espíritu tutelar de cada territorio, al que se ofrendaba para evitar cataclismos. En el altar que le estaba dedicado, un árbol sagrado lo representaba. El árbol sagrado de los **Zhou** (el "álamo temblón", en la traducción), en el original, es el castaño (*li*) que, por homofonía, inspira el juego de palabras ("temblar de miedo" se pronuncia *li*) de **Zai Wo**. De Zai Wo o del **duque Ai**, por cierto, ya que lo que traduzco como "Y añadió" es, en realidad, "decir" o "dijo" (*yue*) sin que se precise el sujeto. En cualquier caso, a Confucio, no le hace gracia la ocurrencia, quizá, según P. Ryckmans, porque la interpreta como una apología del terror o, más probablemente, porque recuerda los violentos inicios de la dinastía Zhou a la que tanto admira en su ilustre aspecto civilizador. En: III-21.

Esto ilustra lo dicho (*qi si zhi wei yan*): se considera tradicional e infundadamente que se trata de "lo dicho" en el versículo anterior

(XVI-11), pero la relación no salta a la vista, y se trata probablemente de una transcripción incompleta. En: XVI-12.

Esto tengo (*he you yu wo zai*): Teniendo en cuenta el significado de *he you* (literalmente "¿qué hay?" o "qué tener", a menudo en sentido de "¿qué tiene [eso de difícil, imposible, inasequible, importante, grave, etc.]?" y derivados: "¿cómo no?", "¿por qué no?" "¡qué va!" o "¡claro que sí!", etc.) en los demás casos en que aparece en el *Lun yu*, me inclino por esta interpretación, como equivalente de "¿qué [no] tengo [de todo eso]?". Pero a menudo se ha traducido el *he you* de este versículo como "esto, por lo menos, ¿lo he conseguido?", por considerar que la primera interpretación, más natural, sería poco modesta por parte de Confucio. Sin embargo, en el versículo VII-33, el Maestro afirma sin ambages poseer las cualidades aquí mencionadas. En: VII-2, IX-15.

Estudiar, (*xue*) es la primera palabra del primer capítulo. La importancia del estudio es primordial en el pensamiento de Confucio, y abarca la **ilustración** a través de los textos y del cultivo de las "seis artes" (*li*: **ritos,** *yue*: **música,** *she*: **tiro al arco,** *yu*: **conducción de carro,** *shu*: escritura y *shu*: matemáticas), la introspección y la reflexión, la transmisión oral, y el perfeccionamiento por la experiencia. Estudiar es, en el Lun yu, sinónimo de aspirar a la **vía** (ver XIV-37). Con el estudio, se trata de convertirse no en una persona erudita, ni en un especialista capaz de ganarse la vida con sus habilidades, sino simplemente en una persona digna de ese nombre, de desarrollar la **humanidad** de uno, de diversificar sus talentos y fomentar su **virtud,** su potencial, evitando las limitaciones y la dispersión que suponen la especializaciones (ver **Hidalgo** e **Instrumental**). Variantes para la palabra *xue*: **aprender, educación**. En: I-1, I-7, I-14, II-4, II-15, VII-2, VII-3, VIII-12, VIII-13, IX-29.

Exorcismo (*nuo*): ceremonia periódica de conjuro contra las pestes y los demonios. El edificio oriental de la casa es el que corresponde al señor de la casa, al anfitrión. En: X-10.

Falda [de ceremonia] (*wei chang*): falda de gala hecha de una sola pieza de tela, con pliegues, sin recortes ni costuras; a diferencia de las faldas normales, hechas de piezas **recortadas,** cosidas y sin pliegues, luego más sobrias. En: X-6.

Notas

Fan Chi: Chi es el nombre público de Fan Xu, discípulo de Confucio. En: II-5, VI-20, XII-21, XII-22, XIII-4, XIII-19.

Féretro exterior (*guo*): caja en la que se introducía el ataúd (*guan*) que contenía el cadáver. En XI-7.

Fragor del trueno o del vendaval (*xun lei feng lie*): airadas manifestaciones del **cielo** que tanto respeto inspira a Confucio. En: X-16.

Gao Yao: ministro de **Shun**. Al igual que **Yi Yin** en los inicios de la dinastía Shang-**Yin**, era de origen plebeyo y fue elegido por su **virtud** y sabiduría. En: XII-22.

Gaozong: nombre póstumo del rey Wuding de la dinastía Shang-**Yin**. Reinó entre 1324 y 1264 a. de C. En: XIV-43.

Gobierno es rectitud (*zheng zhe zheng ye*): el carácter *zheng* ("gobierno") se compone de los elementos "mano con palo" o "golpear suavemente" (elemento que se encuentra en muchos caracteres relacionados con la autoridad o la enseñanza) y "rectitud", elemento éste que constituye el segundo *zheng* ("rectitud"). Este etimológico juego de palabras se pierde en la traducción (sería, literalmente, "rectificación es rectitud"). En: XII-17.

Gongbo Liao: supuesto discípulo de Confucio. En: XIV-38.

Gongming Jia: Personaje de **Wei** del que nada se sabe. En: XIV-14.

Gongshan Furao: intendente al servicio de la **casa Ji**, a la que pertenecía la plaza fuerte de Bi. Se suele identificar con el Gongshan Buniu que menciona el *Zuo zhuan* y que, efectivamente, se rebeló en 502 a. de C. Pero, si se trata del mismo personaje, el de las crónicas no llamó a Confucio, y éste, que a la sazón era Ministro de Justicia de **Lu**, ordenó la represión. No se sabe cuál de las dos fuentes es más fidedigna. De cualquier modo, en este versículo, se considera que Confucio pensaba que Gongshan Furao se rebelaba contra Ji y a favor del duque de Lu, en cuyo caso veía la posibilidad de restaurar el esplendor de los **Zhou** en **Lu**, que se encontraba al este de la tierra de origen de la dinastía. En: XVII-5.

Gongsun Chao: No se sabe nada de este personaje. En: XIX-22.

Gongxi Hua: Ver **Chi**.

Gongye Chang: Discípulo de Confucio. En V-1.

Gran maestro [de música] Zhi: No se sabe si se trata del mismo **maestro Zhi** de VIII-15, ni en qué época ni por qué se produjo la huida masiva de todos los músicos de la corte. El episodio podría haber tenido lugar en 517 a. de C., cuando el **duque Zhao** fue expulsado por el **señor Ji** y se refugió en **Qi**. En: XVIII-9.

Gran ofrenda (*di*): ceremonia solemne dedicada al antepasado más remoto de los **Zhou**. Según el comentario de Yang Bojun, la Gran Ofrenda sólo podía ser realizada por el **hijo del cielo**, bajo los primeros Zhou. Al descender la soberanía a los duques, éstos se arrogaron la prerrogativa, infringiendo los **ritos** de los primeros Zhou, que alcanzaban la perfección. La libación a la Tierra, principio *Yin*, inauguraba la ceremonia, de lo que se deduce que Confucio no deseaba presenciarla en absoluto. Cuando, en el versículo siguiente, afirma no conocer su significado, se sobreentiende que no quiere saber nada del asunto: sólo el hijo del cielo posee realmente la ciencia divina que le permite reinar sobre el mundo, entenderlo y conocerlo "como la palma de la mano". En III-10, III-11.

Guan Zhong (?-645 a. de C.): fue el primer ministro del **duque Huan** de **Qi**, a quien dio hegemonía sobre los demás señoríos. Para traducir *san gui*, en el versículo III-22, he elegido una de las interpretaciones más antiguas ("esposas de tres familias"), aunque existen varias más: "tres palacios", Sangui como nombre del feudo de Guanzhong, como nombre de una torre o como impuesto. El muro ante la puerta pincipal del palacio impedía la visión del interior desde el exterior y, aunque es ahora corriente en las casas tradicionales, era entonces privilegio del señor, así como el ara o mesa hecha de tierra, en forma de montículo, situada frente a la sala principal del palacio, donde se posaban las copas de las libaciones en las recepciones. La prepotencia y los métodos autoritarios de Guan Zhong (considerado como precursor de la doctrina "legista" que prevalecería siglos más tarde, bajo los Qin [221-206 a. de C.] y que tanto daño haría al confucianismo y a la cultura en general) disgustaban a Confucio, que, sin embargo, le reconocía cierta **virtud**, la de haber dado a su país, Qi, un largo período de prosperidad y poderío, como se desprende de XIV-18. En III-22, XIV-10, XIV-17, XIV-18.

Guanju: ver *Libro de las odas*.

Ha accedido a la sala, pero todavía no ha entrado en los aposentos (*sheng tang yi, wei ru shi ye*): En la hipotética y profunda casa

Notas

de la **sabiduría** y la **humanidad**, el impulsivo e irreflexivo **Zilu** no pasa del recibidor. Ver también XI-19 y XIX-23. En: XI-14.

Habiendo sido del séquito de los grandes oficiales (*yi wu cong da fu zhi hou*): También se puede interpretar «Después de haber seguido [en categoría] a los grandes oficiales". Según algunos comentarios, Confucio había sido ministro de justicia en **Lu**, o sea de la categoría de los "grandes oficiales», y aquí dice ser de su séquito o de categoría inferior por modestia. En: XI-7, XIV-22.

Hablaba poco del provecho... (*han yan li yu ming yu ren*): la frase puede interpretarse «el Maestro hablaba poco del provecho y del mandato del cielo y de la humanidad», ya que la palabra *yu* puede significar "y". Pero he optado por esta traducción considerando *yu* en su sentido de "a favor de", ya que Confucio, según consta en el *Lun yu*, hablaba con frecuencia del **mandato del cielo** y, sobre todo, de la **humanidad** (la palabra aparece 109 veces en el libro). No obstante, la interpretación aquí citada también tiene su justificación: el Maestro hablaba con frecuencia de la humanidad, sí, pero escuetamente, sin explicitar demasiado, siempre a pequeñas pinceladas. En: IX-1.

Hablaron libremente (*fang yan*): curiosamente, también se puede interpretar «dejaron de hablar [de lo mundano o de política]». En: XVIII-8.

He visto su progreso, mas no su llegada (*wu jian qi jin, wei jian qi zhi*): también se puede interpretar «[siempre] lo he visto avanzar, nunca lo he visto detenerse», refiriéndose a la tenacidad de **Hui**. Pero *zhi* ("detenerse") también tiene el sentido de "llegar [a un ideal]", y es que Hui, el discípulo preferido de Confucio, tuvo una muerte prematura. Es muy posible que el versículo siguiente se refiera a él. En: IX-20.

He visto tiempos (*wu you ji*) todo el versículo es oscuro. Para las interpolaciones me baso en la interpretación de Yang Bojun: la prudencia de los cronistas que, cuando no saben algo a ciencia cierta, se abstienen de anotarlo, igual que quienes no saben domar un caballo permiten que otro lo haga en su lugar. Literalmente, «he visto tiempos en que los cronistas omitían texto (o "cometían errores de texto" o "carecían de cultura") y quienes poseían caballos los prestaban a otros para que los montaran...». En: XV-25.

Hidalgo, hidalguía, hijosdalgo (*jun zi*): la palabra china, etimológicamente, significa «hijo (*zi*) de soberano, de señor (*jun*)» y, por extensión, "hidalgo", contrapuesto a **villano**. Pese a que, en contadas ocasiones, ambos términos son utilizados en su sentido propio (por ejemplo, en XI-1), adquieren, con Confucio, una dimensión moral anteriormente inédita: el *jun zi* es el hombre cuyo talento, mérito, generosidad y virtud convierten en modelo a seguir y en personificación del orden necesario para la prosperidad de un país, independientemente de su alcurnia. El deseo de aprender y el estudio son condiciones *sine qua non* para la formación de un *jun zi*, y la posibilidad de poner en práctica lo aprendido es una de sus principales aspiraciones. No experimentar resentimiento por que no se reconozca su valía y se le dé ocasión de demostrarla es una de sus señoriales características. El hidalgo es de un rango inferior al del **rey** o **santo**, ya que carece de su omnisciencia, de su compenetración con el orden cósmico (la vía, *dao*) y su sabiduría innata, pero se perfecciona en ese sentido. I-1, I-2, I-8, I-14, II-12, II-13, II-14, III-7, III-24, IV-5, IV-10, IV-11, IV-16, IV-24, V-2, V-15, VI-3, VI-11, VI-16, VI-24, VI-25, VII-25, VII-30, VII-32, VII-36, VIII-2, VIII-4, VIII-6, IX-6, IX-13, X-6, XI-1, XI-20, XI-25, XII-4, XII-5, XII-8, XII-19, XII-24, XIII-3, XIII-23, XIII-25, XIII-26, XIV-6, XIV-24, XIV-28, XIV-29, XIV-30, XIV-45, XV-1, XV-6, XV-17, XV-18, XV-19, XV-20, XV-21, XV-22, XV-31, XV-33, XV-36, XVI-1, XVI-6, XVI-7, XVI-8, XVI-10, XVI-13, XVII-4, XVII-7, XVII-21, XVII-23, XVII-24, XVIII-7, XVIII-10, XIX-3, XIX-4, XIX-7, XIX-9, XIX-10, XIX-12, XIX-20, XIX-21, XIX-25, XX-2, XX-3.

Hijo del cielo: El soberano dotado del poder divino. Ver introducción, **mandato del cielo** y **rey**. En III-2, XVI-2.

Hijo del de Zou (*zou ren zhi zi*): El padre de Confucio había ejercido un cargo oficial en la villa de Zou, en la actual provincia de Shandong. En III-15.

Hombre de bien (*shan ren*): otra de las categorías en cuanto a **virtud** y sabiduría se refiere, bastante aventajada, pero no perfecta, como lo sugiere el versículo XI-19. Ver **santo**. En: VII-25, XI-19, XIII-11, XIII-29.

Honre la excelencia [de su esposa] no estimando su belleza (*xian xian yi se*): También es corriente traducir «aquél que honre la sabidiuría (en general, o a los sabios) desdeñando la belleza», entre otras interpretaciones posibles, dado que *xian* es, además de "excelente" y "virtuoso", "sabio"; y el carácter *se* es, además de "belleza femenina", "lujuria", entre otras cosas. Pero, como señalan algunos comentarios, como el de Yang Bojun, en el resto del párrafo se habla de relaciones personales concretas (con los padres, con el señor, con los amigos). Lo lógico es que se trate aquí de una más, y no de algo general o abstracto. La frase puede compararse con la que repite Confucio en los versículos IX-17 y XV-12, que, según el *shi ji*, fue pronunciada en presencia del **duque Ling** y de su disoluta favorita **Nanzi**. En: I-7.

Huan Tui: ministro de la guerra de **Song**. Según la tradición, Confucio se encontraba allí de paso. Un día en que practicaba los **ritos** con sus discípulos, Huan Tui quiso matarlo y mandó arrancar el árbol bajo el que se hallaba. Cuando los discípulos le aconsejaron que huyera, Confucio respondió lo que transmite el versículo. En: VII-22.

Huérfano de seis palmos (*liu chi zhi gu*): literalmente, «huérfano de seis pies», que he descartado para evitar confusiones. La medida *chi* era, en esa época, de unos veintitrés centímetros. Siendo el palmo de unos veintiún centímetros, el huérfano de la traducción es algo más bajito que el original. En cualquier caso, se trata de un niño de unos doce años, quizá el heredero del señorío en cuestión. En: VIII-6.

Hui (511?-480? a. de C.): nombre de **Yan Hui**, de nombre público Ziyuan o Yuan (también aparece como **Yan Yuan**), el discípulo favorito de Confucio, quien lo quiso como a su propio hijo. Su muerte entristeció particularmente al Maestro. En II-9, V-8, V-25, VI-2, VI-5, VI-9, VII-10, IX-10, IX-19, IX-20, , XI-2, XI-3, XI-6, XI-7, XI-8, XI-9, XI-10, XI-18, XI-22, XII-1, XV-10.

Humanidad, humano (*ren*): En el *Lun yu*, no se describe completamente en ningún momento este concepto que, sin embargo, constituye la virtud suprema en el pensamiento confuciano. Confucio da indicaciones acerca del *ren* en función de cada circunstancia y de la persona que se las pida. El carácter que lo designa se compone del elemento "hombre" y el elemento "dos", y es que se trata de *la* virtud humana por excelencia (no en vano se pronuncia del mismo modo que la palabra "persona" *ren*), virtud que no sería posible sin la relación entre seres humanos: una de sus características es el amor al prójimo y el deseo del bien universal, para lo cual es necesario el desarrollo de todas las cualidades humanas, como la lealtad, la sinceridad, la dignidad, la diligencia, el discernimiento, la magnanimidad, la liberalidad, etc. Como dice P. Ryckmans, es "plenitud de humanidad". El *ren* es la meta hacia la que tiende el *jun zi* (**hidalgo**) para devolver al mundo el *dao* (la **vía**) y preservarlo. Dicho esto, Confucio reconoce no haber visto jamás a nadie digno de ese atributo. Ver introducción. I-2, I-3, I-5, I-6, III-3, IV-1, IV-2, IV-3, IV-4, IV-5, IV-6, IV-7, V-4, V-7, V-18, VI-5, VI-20, VI-21, VI-24, VI-28, VII-6, VII-14, VIII-2, VIII-7, VIII-10, IX-1, IX-28, XII-1, XII-2, XII-3, XII-20, XII-22, XII-24, XIII-12, XIII-19, XIII-27, XIV-2, XIV-5, XIV-30, XV-8, XV-9, XV-32, XV-34, XV-35, XVII-1, XVII-6, XVII-8, XVII-17, XVIII-1, XIX-6, XIX-15, XX-1, XX-2.

Ilustrarse, ilustración (*xue wen*): El significado etimológico de la palabra *wen* es "líneas", "vetas", "dibujos"; y sus significados derivados, "escritura", "texto", "adorno" (en el sentido de "lo que no es esencial"), "cultura", "civilización", etc. A diferencia del **estudio** (*xue*), que se refiere al perfeccionamiento de uno mismo en general, al aprendizaje del oficio de hombre, *xue wen* indica el estudio libresco, la erudición, el aprendizaje de las **artes**, y, aunque relevante, es de importancia secundaria pues se cultiva si quedan a uno tiempo y fuerzas una vez llevado a la práctica lo aprendido por el *xue*. En: I-6, VII-24, VII-32, IX-10, XII-8, XII-15.

Instrumental, instrumento (*qi*): *qi* también se puede traducir por "vasija" o "recipiente". El **hidalgo** no está especializado, no es un instrumento que sirve exclusivamente para un determinado uso. Es polivalente, plural en sus conocimientos y talentos, en virtud de su educación (ver **estudiar**) y de la generosidad de sus intereses. Dicho esto, en II-12 también cabe interpretar: «el hidalgo no [trata a los demás como] instrumentos», como defiende A. Lévy, pero la verdad es que sí los trata como tales, por lo menos al pueblo, como se desprende de numerosos versículos (por ejemplo I-5), o a los funcionarios subordinados, con la ventaja de que, por lo menos, sabe utilizarlos teniendo en cuenta sus capacidades y sin exigirles en exceso. En V-3, en cambio, no cabe semejante interpretación: Zigong es un instrumento, luego no cumple todos los requisitos del *jun zi*. Pero, eso sí, no es un instrumento cualquiera, sino una vasija de las que están destinadas a las ofrendas solemnes. La expresión sugiere que el discípulo posee talento suficiente para ocupar una elevada función de gobierno. En II-12, V-3.

Jade perfecto (*mei yu*): aquí se refiere al talento y la **virtud** del Maestro. Siendo tan valioso, ¿se mantendría retirado en la oscuridad o aceptaría un cargo? Confucio aceptaría gustoso un cargo, si un señor supiera apreciar su valía. En: IX-12.

Ji: legendario ministro de la agricultura de **Yao**, de **Shun**, o de ambos, según las fuentes. Enseñó a los hombres el cultivo del mijo, razón por la que fue divinizado bajo el nombre de Soberano Mijo (*hou ji*). Considerado como antepasado de los **Zhou**. Ver también **Yi**. En: XIV-6.

Ji y Meng: ver **señor Ji, señor Meng Yi** y **tres casas**.

Ji Zicheng: gran oficial de Wei. En: XII-8.

Ji Ziran: miembro de la **casa Ji** y tío del **señor Ji Kang**. Tomó a su servicio a **Zilu** (**You** o **Zhong You**) y a **Ziyou** (o **Ran Qiu**). Como se verá también en XVI-1, Confucio desaprueba el que sus discípulos se hayan puesto al servicio de la familia usurpadora. En: XI-23.

Jieni: ver **Changju**.

Jieyu: literalmente "Recibelcarro", quizá porque Confucio detiene su carro para hablarle. En cualquier caso, el hombre vive al margen de las convenciones, retirado de un mundo que sin duda considera despreciable y sin remedio. Por esta razón y por el hecho de que la palabra *kuang* (normalmente traducida por "loco", "excéntrico" etc.) significa etimológicamente "perro rabioso", me he tomado la libertad de traducirla por "cínico". El episodio se menciona, con variantes, en el *Zhuang zi* (ver *Zhuang zi*, traducción, introducción y notas de Iñaki Preciado Ydoeta, Kairós, Barcelona, 1996). Este versículo y los siguientes son comparables a XIV-41 y XIV-42 (ver **Changju**). En: XVIII-5.

Ji Lu: Ver **You**.

Jiu: ver **duque Huan**.

Jufu: Villa fronteriza de **Lu**. En: XIII-17.

Justo o **justicia** (*yi*): una de las virtudes primordiales del pensamiento confuciano, la que lleva al hombre a hacer lo idóneo o lo debido en cada circunstancia, a dar a cada cual lo que corresponde. Naturalmente, el *yi* está estrechamente relacionado con la imparcialidad (ver **el hidalgo es universal, no es parcial**) y, ante la perspectiva de un logro (*de*), se opone a la idea de provecho (*li*). Dado que el *yi* depende siempre de las circunstancias, se trata de una virtud relativa que exige discernimiento, voluntad, altruismo y adaptabilidad; y tiene como meta la armonía y el orden. En cierto modo, se podría decir que se trata de cumplir como es debido con el **mandato del cielo**. En: I-13, II-24, IV-10, V-15, VII-3, XII-20, XIII-4, XIV-14, XV-17, XVI-10, XVI-11, XVII-23, XVIII-7, XIX-1.

Justo medio (*zhongyong*): el equilibrio, la ecuanimidad, la mesura, la justa proporción en todo (emociones, relaciones, aspectos prácticos de la vida) tienen una eficacia extraordinaria, ya que producen la armonía y, por tanto, la paz, el orden, la belleza. Por ello el justo medio es el ideal confuciano, si bien se trata de un concepto común al taoísmo. El término dio título al tratado *El justo medio*, perteneciente al *Libro de los ritos* (*Li ji*), posteriormente editado por Zhu Xi (1130-1200)como uno de los *Cuatro libros*. En: VI-27, XIII-21, XX-1.

Kong Qiu: apellido y nombre de Confucio (ver **Maestro Kong**). Éste es el único versículo en que se le llama así. En: XVIII-6.

Kong [Yu] (*kong wen zi*): otro nombre de **Zhongshu Yu**, gran oficial de **Wei**. Recibió el nombre póstumo de Wen o Wen zi ("el Ilustrado"). En V-14, XIV-20.

[La dinastía] Zhou tuvo ocho letrados (*zhou you ba shi*): este desconcertante versículo menciona a ocho personajes de los que no se sabe nada más que lo que la leyenda dice: se trata de ocho pares de gemelos, todos ellos de la misma madre, que sugieren la prosperidad reinante en los inicios de la dinastía. Sus nombres están enumerados de tal forma que, en pronunciación de la época, rimaban. En: XVIII-11.

La madera de lumbre inicia un nuevo [ciclo] (*zuan sui gai huo*): con cada estación del año se cambiaba la madera del instrumento que servía para producir fuego por frotación (según indica Yang Bojun citando a Ma Rong: en primavera, madera de olmo y de sauce; en verano, de azufaifo y de cudrania; en otoño, de alcornoque y de teca; en invierno, de sófora y de sándalo). En un año se cerraba pues un ciclo completo. En: XVII-21.

Lamento que habléis así del hidalgo (*xi hu, fu zi zhi shuo jun zi ye*): también se puede interpretar como lo hace Zhu Xi, "Lo que habéis dicho es de hidalgo, [pero] tenéis la lengua más rápida que una cuadriga". En: XII-8.

Lao: quizá discípulo de Confucio, aunque no hay referencia alguna al respecto. En: IX-6.

Lao Peng: nada se sabe de este personaje (o estos personajes). Existen diversas hipótesis: (1) se trata de Laozi y Peng Zu (legendario ministro de **Yao** que vivió unos 800 años), hipótesis audaz pero altamente improbable; (2) se trata de Peng [Zu] "el Viejo (*lao*)", un ministro de los Shang-**Yin**; (3) se trata de un personaje desconocido y contemporáneo de Confucio. En: VII-1.

Largas épocas de tribulaciones (*jiu yao*): también se puede interpretar, si se considera *yao* como "pacto", "acuerdo", "compromisos antiguos": «[en cuanto a sus] compromisos antiguos, no olvida la palabra dada [en cualquier momento] de toda su vida». En: XIV-13.

Las gentes acuden de los cuatro confines con sus hijos a la espalda (*ze si fang zhi min qiang fu qi zi er zhi yi*): Una población numerosa era, como en todas partes en aquella época, fuente de riqueza y mano de obra. Cuanto mayor fuera la **virtud** del señor, más pobladas serían sus tierras y más abundantes serían sus campesinos, por lo que no necesitaría conocimientos de agricultura. Éstos, por otra parte, constituían una especialidad (ver **instrumental**) y una de las **vías menores**, dignas de respeto pero limitadas y obstaculizadoras para un **hidalgo**. En: XIII-4, XIII-9, XIII-16.

Las naturalezas [humanas] allegan, los hábitos distancian (*xing xiang jin ye xi xiang yuan ye*): una de las ideas que constituyen la originalidad de Confucio es la de que los hombres son, por naturaleza, afines. Los hábitos, el aprendizaje y la experiencia adquiridos los alejan y hacen que haya "hijosdalgo" y "villanos". En: XVII-2.

Leal, lealtad (*zhong*): la lealtad es una de las tres virtudes, indispensables para alcanzar el *ren* (ver **humanidad**). Empleo la traducción convencional, si bien, en realidad, abarca más aspectos. *Zhong* significa, etimológicamente, "venerar, [entregarse] de todo corazón" (ver *Shuo wen jie zi* comentado por Duan Yucai) y, más generalmente, hombría de bien, integridad, respeto hacia los demás, mejorar a los demás mejorándose uno mismo. En este último sentido, es el aspecto positivo de *shu*, que he traducido por **benevolencia**. La práctica de *zhong* y *shu* es el principio único y omnipresente en la **vía** de Confucio, como dice el **Maestro Zeng** en el versículo IV-15. En: I-4, I-8, II-20, II-20, IV-15, V-18, VII-24, IX-24, XII-10, XII-13, XV-5, XVI-10.

Lengua correcta (*ya yan*): igual que en la China actual se habla oficialmente la "lengua común" (*pu tong hua*), que aquí seguimos llamando "mandarín" (*guan hua*), existía entonces una "lengua correcta" que se utilizaba en las ocasiones públicas o solemnes. Paralelamente, se hablaba en dialecto. Sin duda, Confucio hablaba normalmente en dialecto de **Lu**. En: VII-17.

Letrado (*shi*): Originalmente, los *shi* eran hidalgüelos, que, a falta de tierras u otras riquezas, ponían sus conocimientos y talentos diversos al servicio del señor o del gran vasallo que accediera a emplearlos como consejeros. Posteriormente, *shi* designaría a la clase letrada. En el *Lun yu*, el término tiene tan pronto su sentido propio como el sentido figurado de "caballero" o "gentilhombre". Ver introducción. En: IV-9, VIII-7, XII-20, XIII-20, XIII-28, XIV-3, XVIII-11, XIX-1.

Li: primogénito de Confucio, de nombre público **Boyu**, muerto a los cincuenta años, cuando el Maestro tenía setenta. En: XI-7, XVI-13, XVII-10.

Li: medida de longitud. Ver **Cien *li***. En: XI-25.

[Libro de] las mutaciones (*Yi [jing]*): el más antiguo de los cinco libros clásicos y texto fundamental del pensamiento chino en general y del confucianismo y del taoísmo en particular. Contiene sesenta y cuatro hexagramas, formados a partir de los ocho trigramas básicos (*ba gua*), destinados a la adivinación y que expresan todos los cambios o mutaciones posibles en situaciones y seres. La invención de los trigramas y su desarrollo en hexagramas se atribuye tradicionalmente a Fu Xi, primer emperador de la antigüedad legendaria; y las definiciones y explicaciones, al rey **Wen** y a su hijo,

Notas

el **duque de Zhou**. También fue comentado por Confucio y por incontables filósofos. Existen más interpretaciones del versículo VII-16, una de las cuales llega incluso a omitir la referencia al *Libro de las mutaciones*. La cita del versículo XIII-22 proviene del comentario al hexagrama núm. 32. En: VII-16, XIII-22, XIV-28.

Libro de las odas (*Shi jing*): o *Libro de los poemas* (ss. XI-VI a. de C.). Recopilación de 305 piezas, seleccionadas, según la tradición, por el propio Confucio (originalmente contenía más de tres mil). Es uno de los seis libros clásicos (*liu jing*), junto con el *Libro de las mutaciones* (*Yi jing*), el *Libro de los documentos* (*Shu jing*), el *Libro de los Ritos* (*Li ji*), el ya desaparecido *Libro de la música* (*yue jing*), y las *Crónicas, o Primaveras y otoños, de Lu* (*chun qiu*). El *Libro de las odas* se compone de tres libros: *guofeng* o "Cantos de los reinos", que incluye las odas populares de quince Estados; *ya*, que incluye odas populares y de la corte; y *song* o "Loas", acerca de las ceremonias dedicadas a los antepasados dinásticos.

La cita del versículo I-15 procede del poema I-V-1 y sugiere la educación y el perfeccionamiento de uno mismo.

La cita del versículo II-2 procede del poema IV-IV-1.

La cita del versículo III-2 (la oda **Yong**) procede del poema IV-II-7 que, por su contenido, sólo era adecuada para la casa ducal. Las **tres casas**, una vez más, infringen los **ritos** al utilizarla para sus ceremonias.

La cita del versículo III-8 procede del poema I-V-3, si bien el tercer verso no figura en el *Libro de las odas* tal como se conserva. La reacción de Confucio ante la perspicacia de su discípulo es comparable a la que muestra en I-15.

En los versículos III-20 y VIII-15 se menciona la oda **Guanju**, que es el primer poema del *Libro de las odas*, de tema amoroso.

La cita del versículo VIII-3 procede del poema II-V-1.

La cita del versículo IX-26 procede del del poema I-III-8, en que una esposa pregunta por qué a su marido, siendo irreprochable, no se le permite volver a la corte.

La cita interpolada en el versículo XI-5 procede del poema III-III-2.

La cita del versículo XII-10 procede del poema II-IV-2, en que una mujer se lamenta viendo que su marido prefiere a otra. No se sabe muy bien si el ejemplo de ofuscación es la mujer con sus sentimientos contradictorios de amor y despecho, o si se trata, como sugieren ciertos comentarios, de un error de copia.

La cita del versículo XIV-42 proviene del poema I-III-9, de tema amoroso, aunque, en este caso, se refiere a la necesidad de adaptarse a las circunstancias.

En: I-15, II-2, III-2, III-20, VII-17, VIII-3, VIII-8, VIII-15, IX-14, IX-26, XI-5, XII-10, XIII-5, XIV-42, XIV-13, XVII-9, XVII-10.

Libro de los documentos (*Shu jing*): otro de los libros clásicos (ver *Libro de las odas*). Recopilación de documentos de diversa índole, algunos atribuidos a los **reyes de la antigüedad, Yao** y **Shun**, y que van hasta 625 a. de C. Al igual que sucede con los demás clásicos, la recopilación y la selección se atribuyen tradicionalmente a Confucio. La cita del versículo II-21 ya no figura en la versión del *Shu jing* que nos ha llegado. II-21, VII-17, XIV-43.

Lin Fang: nada se sabe de él, salvo que era de **Lu** y que, al parecer, sabía poco de **ritos**. En III-4, III-6.

Liuxia Hui: o "Bondadoso, el de Bajo-el-sauce", personaje de **Lu**, de gran talento y virtud. Su verdadero nombre era Zhan Huo o Zhan Ji. En: XV-13, XVIII-2, XVIII-8.

Lo mueve sin observar los ritos (*dong zhi bu yi li*): se da por supuesto que todo el versículo se refiere al gobierno y que el complemento del verbo "mover" es el pueblo. Como se ha visto en I-5 y XII-2, la imposición de tributos y prestaciones al pueblo requiere, según Confucio, el máximo cuidado, "como si de celebrar una gran ceremonia se tratase"; observando los períodos oportunos, para que el pueblo no quede agotado o descontento. En: XV-32.

Loas (*song*): una de las tres divisiones principales del *Libro de las odas*. En: IX-14. La música *song* se utilizaba en las ceremonias de ofrenda en el templo de los antepasados del soberano. En: IX-14.

Los lugareños son felices, los foráneos acuden (*jin zhe yue, yuan zhe lai*): ver **las gentes acuden de los cuatro confines...**

Lu: estado fundado por el **duque de Zhou** y tierra natal de Confucio, en la actual provincia de Shandong. Ver **Qi**. En: XIII-7, XVIII-6.

Lu y Wei: ducados vecinos. Quizá se refiera Confucio a la decadencia política de ambos, o al hecho de que hubieran sido gobernados inicialmente por dos hermanos, el **duque de Zhou** en **Lu** y su hermano Feng en: **Wei**. En XIII-7.

Maestro [de música] Mian (*shi mian*): los "grandes maestros" (*tai shi*) de música de la corte eran ciegos. XV-41.

Maestro Kong (*kong zi*): En el *Lun yu*, Confucio (***Kong Qiu***) es llamado, en la mayoría de los casos, "el Maestro" a secas (*zi* o *fuzi*). Cuando se menciona su apellido (Kong), la mayoría de los traductores utilizan la latinización de *kong fuzi (Maestro Kong)*, Confucio. En varios versículos del capítulo XIX, lo llaman por su nombre público, **Zhongni**. Tanto su nombre privado, **Qiu**, como el *ni* de Zhongni se refieren al Niqiu, monte de la actual provincia de Shandong, donde, según la tradición, rezaban sus padres para pedir un hijo. El *zhong* de Zhongni significa "segundogénito". Ver introducción. En II-19, II-21, III-1, III-19, VI-2, VII-18, VII-30, VIII-20, IX-2, X-1, XI-5, XI-6, XII-11, XII-17, XII-18, XII-19, XIII-15, XIII-18, XIV-6,, XIV-20, XIV-22, XIV-26, XIV-34, XV-1, XVI-1, XVI-3, XVI-4, XVI-5, XVI-6, XVI-7, XVI-8, XVI-9, XVI-10, XVI-11, XVII-1, XVII-6, XVII-20, XVIII-1, XVIII-3, XVIII-4, XVIII-5, XVIII-6, XX-2.

Maestro You (*you zi*): **You Ruo**, discípulo de Confucio. En: I-2, I-12, I-13, XII-9.

Maestro Zeng (*zeng zi*, 505-435 a. de C.): Zeng **Shen**. Discípulo de Confucio e hijo de **Zeng Xi**. En I-4, I-9, IV-15, VIII-3, VIII-4, VIII-5, VIII-6, VIII-7, XI-17, XII-24, XIX-16, XIX-17, XIX-18, XIX-19.

Maestro Zhi (*shi zhi*): Gran Preceptor de la corte de **Lu** o, según otras interpretaciones, el Maestro de música. También se puede traducir "El Maestro Zhi, en sus inicios,..". o "Cuando el Maestro Zhi ocupó su cargo por vez primera..".. En: VIII-15.

Mandato (*ming*): ver **mandato del cielo**.

Mandato del cielo (*tian ming*): inicialmente, se refería a la potestad divina puesta en manos del soberano por decisión del cielo; idea que justificaba el que, si un soberano degeneraba, poniendo así en peligro la prosperidad del país, fuera legítimo destronarlo, pues había dejado de ser digno de la confianza celeste. Posteriormente, ya en época de Confucio, adquirió un doble sentido más amplio. Se trata, por una parte, del orden natural de las cosas. Por otra, del conjunto de principios con los que el cielo dota a los hombres y la misión que éstos tienen en el mundo. Ver introducción. En II-4, XII-5, XIV-38, XVI-8.

Más vale adular al espíritu del hogar que a los de la casa (*yu qi mei yu ao, ning mei yu zao*): Según la creencia popular, el espíritu del hogar informa a las altas esferas celestiales acerca de la conducta de la familia. Adularlo con ofrendas garantiza un informe favorable. Los espíritus de lo antepasados (aquí "de la casa") son más importantes, pero quizá de menos provecho inmediato. Lo que, supuestamente, insinúa **Wangsun Jia** es objeto de diversas interpretaciones. Según una de ellas, los "espíritus de la casa" representan al **duque Ling** de **Wei**, y el del hogar, su favorita **Nanzi**; en cuyo caso, Wangsun Jia pide solapadamente consejo a Confucio para averiguar a quién le conviene más adular. Según otra interpretación, Wangsun Jia sugiere al Maestro que se ponga a su servicio en lugar de buscar la protección del duque, porque le resultará más provechoso. En cualquier caso, la respuesta de Confucio no deja lugar a dudas sobre su opinión al respecto. En III-13.

Me irrita el púrpura, que suplanta al grana (*wu zi zhi duo zhu ye*) Según los comentarios tradicionales, el grana o bermellón es un color fundamental o puro, y el púrpura es un color mezclado o impuro. La expresión "púrpura-grana" (*ziz hu*) pasaría a referirse al contraste entre el mal y el bien, lo legítimo y lo ilegítimo, lo verdadero y lo falso, etc. Dado que se trata de colores de fausto y aristocracia (ver **rosado**), también puede que la queja se refiera a las usurpaciones y abusos de poder. En: XVII-18.

Me retiré y observé su actitud privada (*tui er xing qi si*): También se puede leer: «Se retiró y reflexionó (literalmente: examinó su fuero interno). También es digno de esclarecimiento». En II-9.

Medio: ver **justo medio**.

Meng Gongchuo: gran oficial del ducado de **Lu**. En: XIV-12, XIV-13.

Meng Zhifan: general de **Lu**. La batalla contra **Qi** en cuestión tuvo lugar en 484 a. de C. En: VI-13.

Mengzi de Wu: ver **duque Zhao**.

Mil cuadrigas (*qian si*): ver **señorío de mil carros**. En: XVI-12.

Min Ziqian (515-? a. de C.): nombre público de Min Sun, discípulo de Confucio. En: VI-7, XI-2, XI-4, XI-12, XI-13.

Ministro de justicia de Chen (*chen si bai*): hay quien considera que Chen Sibai es un nombre propio. En cualquier caso, no se sabe nada del personaje. En: VII-30.

Notas

Monte Tai (*tai shan*): una de las cinco montañas sagradas de China (actual Shandong). Sólo el **hijo del cielo** podía ofrendar al espíritu del Tai. El **señor Ji**, una vez más, infringe gravemente los **ritos**. Hasta alguien tan poco conocedor de los ritos como **Lin Fang** advertiría que la osadía de Ji es sacrilegio. Si el Tai acepta la ofrenda, demuestra no ser siquiera equiparable a Lin Fang. En III-6.

Morado (*zou*): ver **cárdeno**.

Música (*yue*): una de las seis **artes** (ver **estudiar**). La música ideal expresa los elevados sentimientos y emociones que inspira la poesía moderándolos mediante los **ritos**. La verdadera música (como la melodía **Shao**) tiene la **virtud** de hacer reinar la armonía; en cambio, la música vehemente, como la de **Zheng**, es perniciosa, porque puede resultar seductora pero falsa, ya que conduce con malas artes al desorden. La música verdaderamente armónica es sinónimo de compleción, como afirma Confucio en el versículo VIII-8. En: III-3, III-23, III-25, VII-13, VIII-8, XI-25, XIII-3, XVI-2, XVI-4, XVI-5.

Nangong Kuo: ver **Nan Rong**.

Nan Rong: nombre público de **Nangong Kuo**, discípulo de Confucio. V-1, XI-5, XIV-6.

Nanzi: influyente y disoluta favorita del **duque Ling**, señor de **Wei** desde 533 hasta 490 a. de C. Según el *Shiji*, la queja de confucio en los versículos IX-17 y XV-12 se refería al duque y a ella. Ver **Más vale adular al espíritu del hogar...** y **Soberano de Wei**. En: VI-26.

Ni sigue huellas (*bu jian ji*): Se suele interpretar que, no siguiendo las huellas de los antiguos, no consigue profundizar en la sabiduría ni ahondar en la **humanidad**. Sin embargo, también es posible una interpretación heterodoxa: «no se queda a la zaga (o sea, es un hombre aventajado), pero tampoco ha entrado en los aposentos», como sucede con **Zilu** en el versículo XI-14 (ver **ha accedido a la sala, pero aún no ha entrado en los aposentos**). En efecto, la categoría del **hombre de bien**, en lo que a excelencia se refiere; siendo admirable, es inferior a la del humano y a la del **santo**. En: XI-19.

Ni tú ni yo podemos equipararnos [a él] (*wu yu ru fu ru ye*): También se suele interpretar: «Te lo concedo, no puedes equipararte a él», considerando *yu* no en su faceta de conjunción ("y, con"), sino como verbo ("aprobar, conceder"), en cuyo caso, la repetición del dictamen deja clara la inferioridad de Zigong. En: V-8.

Ninguno llega ya a [mi] puerta (*jie bu ji men ye*): También se puede interpretar «De cuantos me siguieron en **Chen** y en Cai ninguno obtuvo un cargo oficial», considerando *men* ("puerta") como "puerta del palacio" o la corte. Según la interpretación de Zhu Xi, tras las tribulaciones sufridas en Chen y Cai (actual Henan), los discípulos en cuestión fueron muriendo. Por otra parte, el resto del versículo es considerado por muchos como un versículo aparte, y no sin razón, ya que no tiene nada que ver: no todos los discípulos mencionados estuvieron en Chen ni en Cai, y la forma respetuosa de nombrarlos indica que no son palabras de Confucio, que los trata con más familiaridad, sino un añadido. En: XI-2.

No convienen al hidalgo las pequeñas habilidades (*jun zi bu ke xiao zhi*): porque no es **instrumental**. Suele traducirse «el **hidalgo** no se reconoce en lo pequeño, sino en las grandes responsabilidades», teniendo en cuenta el significado de *zhi* ("saber", "conocer", "ser reconocible"). Pero también tiene el de "saber hacer", "tener habilidad para". Ver también **vías menores**. En: XV-33.

No envidia ni codicia, ¿en qué no es excelente? (*bu zhi bu qiu he yong bu zang*): Ver *Libro de las odas*.

No estoy a la altura (*qiu wei da*): La interpretación más usual es «Mientras no conozca [su virtud, yo,] Qiu, no me atreveré a probarlo», utilizando el verbo *da* ("penetrar", "comunicar", "llegar", "alcanzar", [hombre] "elevado", "superior") en su sentido de "penetrar con el entendimiento", "comprender a fondo", "ser perspicaz"; lo que obliga a interpolar "su virtud" o "su composición", etc. Dado el contexto, lo más probable es que se trate de una fórmula de cortesía y modestia. En: X-11.

No hay con qué hacer [la balsa] (*wu suo qu cai*): esta frase ha sido interpretada de diversas maneras, reemplazando *cai* ("madera para la construcción" o "elementos, material") por su homófono *cai* ("cortar con tijeras", pero también "evaluar", "juzgar", y asimismo "moderarse" "restringirse") o por la partícula exclamativa *zai*, dando traducciones como: «me sobrepasa en arrojo, [pero] no tiene juicio» o «[pero] no tiene moderación» o «[pero] no es aprovechable (o, más textualmente, "no hay por dónde cogerlo")». Prefiero la traducción literal, que deja al lector la posibilidad de imaginar y, además, expresa mejor la cariñosa ironía con que Confucio trata a su brioso discípulo. En: V-6.

No impongas prestaciones al pueblo más que en los momentos oportunos (*shi min yi shi*): Los campesinos debían realizar periódicamente trabajos públicos y pagar tributos. Se trata de que el señor los imponga sólo en los períodos adecuados que fija el calendario real y no se exceda, para que no se agoten ni la **virtud** de sus gentes ni sus recursos. En: I-5.

No llegue a ser bueno (*bu zhi yu gu*): Me baso en la interpretación de He Yan. Otras traducciones se basan en la de Zhu Xi, que considera *gu* ("cereal", "bueno", "probo", "próspero", "fausto") en su sentido derivado de "emolumentos" o "paga de funcionario" (en cereales) y *zhi* ("alcanzar", "llegar a") como "aspirar a", en cuyo caso la frase sería «Es excepcional que alguien dedique tres años al estudio sin aspirar a un cargo oficial». En: VIII-12.

No obstante, dijo en una ocasión: Frase interpolada para evitar desconcierto. Pierre Ryckmans lo evita colocando la predicción de Confucio en un versículo aparte. También se me ocurre que, en lugar de "el Maestro estaba complacido", podría leerse "el Maestro dijo", suponiendo que "complacido" (*le*) sea aquí una errata por homofonía (el mismo carácter se pronuncia también *yue*, igual que el verbo "decir"), posibilidad que daría cierta coherencia al conjunto y evitaría la interpolación, pero que nadie parece haber tomado en cuenta. En cualquier caso, la predicción de Confucio se cumplió: **Zilu** (**You**) fue asesinado hacia 480 a. de C. En: XI-12.

No os fijéis en su origen (*bu bao qi wang*): Dado que *wang* puede significar "pasado, ido" o "ir, por venir", y *bao* suele traducirse "garantizar", la frase también se puede interpretar "no respondo su andadura" "no respondo de su pasado" o "no respondo de lo que haga después". En: VII-28.

No preguntó por los caballos (*bu wen ma*): Como observa P. Ryckmans en su *Entretiens de Confucius*, en una época en que un caballo valía mucho más que un mozo de cuadras, es notable esta muestra de **humanidad**. En: X-12.

No son equiparables (*bu ru*): la frase puede interpretarse en sentido totalmente opuesto: «[Hasta] los bárbaros del este y del norte tienen sus señores, a diferencia de los chinos, que los han perdido», que sugeriría la superioridad de los bárbaros sobre los chinos, cuyos señores habían sido apartados por sus vasallos. Pero la expresión *bu ru* ("no ser como"), ya en la época, tenía, como hoy en día, el sentido de "ser menos (bueno, útil, adecuado, etc.) que" y, de hecho, así figura en el versículo siguiente (III-6: ...es menos [conocedor de los ritos] que...). Incluso teniendo señores, los bárbaros son inferiores a los chinos por carecer de **ritos** y, por ende, de civilización. III-5.

No temen la pobreza (*bu huan pin*): el texto original dice «no temen la escasez [de población] sino la desigualdad», pero, a la luz de lo que sigue, resulta evidente que se trata de una errata (*gua* por *pin*) y, al igual que muchos traductores, he invertido los "temores" de esta frase y la siguiente. En: XVI-1.

No viene el fénix (*feng niao bu zhi*): el fénix macho (*feng*) era de buen augurio y su aparición anunciaba una era de paz universal. En cuanto al **diagrama**, según la leyenda, de las aguas del Río Amarillo emergió un caballo-dragón llevando en su lomo la representación de los ocho trigramas que presentó al mítico emperador Fu Xi, a quien se atribuye el sistema adivinatorio del *Yi jing* o **Libro de las mutaciones**. Su reaparición indicaría la transmisión del **mandato del cielo** a un **santo**. Confucio que, como hemos visto en VII-22 y IX-5, tiene esa vocación, empieza a sospechar, como en VII-5, que el cielo no tiene previsto hacer que "instaure un **Zhou** oriental" (ver **Gongshan Furao** y XVII-5). En: IX-8.

Nueve pueblos bárbaros del Este (*jiu yi*): Poblaciones no chinas de la zona (actual Shandong). Este impulso puede compararse al del versículo V-6. En: IX-13.

Ocho filas de ocho danzantes (*ba yi*): las grandes familias tenían un templo para las ceremonias dedicadas a los antepasados. Éstas incluían música, danzas y pantomimas en el espacio abierto que se extendía ante la gran sala principal. Tan sólo el **hijo del cielo** tenía derecho a ocho filas de ocho danzantes; sus feudatarios, a seis filas; y los grandes oficiales, a cuatro. El **señor Ji**, como ministro o gran oficial, estaba usurpando una de las prerrogativas reales e infringiendo gravemente los **ritos**. En lo que respecta a la traducción, existe una interpretación más corriente de la última frase de este versículo: «Si esto se puede tolerar, ¿qué no se puede tolerar?» (*shi ke ren ye, shu bu ke ren ye*), pero parece más acertada la de

Yang Bojun, que toma *ren* en el sentido de "malvado" o "vil". En III-1.

Odas (*shi*): ver **Libro de las odas**.

Odas de la corte (*ya*): una de las tres divisiones principales del **Libro de las odas**. Su música se utilizaba en las ceremonias de la corte. En: IX-14.

Ofrendar como si estuvieran presentes (*ji ru zai*): una vez más, el laconismo de la frase da pie a diversas interpretaciones, entre las cuales una de las más corrientes es: «[Confucio] ofrendaba [a los antepasados] como si [éstos] estuvieran presentes, ofrendaba a los espíritus como si [éstos] estuvieran presentes». En cualquier caso, se trata de ofrendar de corazón y sin encomendar la ceremonia a terceros. En III-12.

Oración (*lei*): también se traduce *"Libro de elegías"*, pero no existe en la actualidad ese libro, ni mención alguna de su existencia. Se suele interpretar que, con su respuesta, Confucio sugiere que su conducta, a lo largo de su vida, debería resultar satisfactoria a "los espíritus del cielo y la tierra", ya que en todo ha obrado según **justicia** obedecido al **mandato**. Por tanto, no es necesario rezar. VII-34.

Oye una cosa y capta diez (*wen yi zhi shi*): ver **en lo sabido captas lo tácito**.

Palaciegos (*chen*): El carácter *chen* es un pictograma que representa a un hombre haciendo una reverencia ante el soberano. Se suele traducir como "ministro", por ser la palabra que éstos empleaban para autodenominarse con modestia (como en castellano "servidor"), pero se refiere a los vasallos, a los súbditos en general, a los palatinos o los cortesanos que servían al señor en particular. Aquí, se trataba de dar al Maestro la ilusión de haber obtenido un cargo de importancia, ya que sólo los grandes personajes tenían empleados para los preparativos funerarios. En otros versículos, he traducido *chen* por "cortesanos", vasallos, "subordinados" u "hombres al servicio de". En: IX-11.

Para matar un pollo, ¿hace falta un machete [de degollar] reses? (*ge ji yan yong niu dao*): Confucio encuentra la solemne sinfonía con que **Ziyou** lo recibe desproporcionada para un lugar de tan poca importancia como **Wucheng**. En: XVII-4.

Pi Chen: Según el *Zuozhuan*, gran oficial del ducado de **Zheng**, hábil estratega. Junto con **Shi Shu**, que destacaba por su belleza, talento y cortesía, y **Ziyu**, dotado para descubrir los designios secretos de los estados vecinos, asistía al primer ministro **Zichan**. En: XIV-9.

Piedad filial (*xiao*): ver **Cumpliendo sus deberes.**

Piedras sonoras (*qing*): el carácter *qing* se compone de los elementos "piedra" y "sonido", y podría traducirse "litófono". Antiguo instrumento de percusión consistente en una armazón de madera más o menos ornamentada de la que penden filas de piezas planas, de jade u otras piedras labradas, de diversos tamaños y sonidos. En: XIV-42.

Pieles de cordero (*gao qiu*): al igual que el tocado, eran del color negro que se reservaba para los trajes llevados en las ofrendas, ocasiones consideradas faustas y prósperas, lo contrario de los entierros. En: X-6, X-10.

Por eso me irritáis los ingeniosos (*shi gu wu fu ning zhe*): **Zilu** replica aquí aprovechando una de las enseñanzas de su Maestro (el saber no sólo se encuentra en los libros, ver **estudiar** e **ilustrarse**). La utilización de buenos principios para encubrir actos perniciosos es el tipo de actitud engañosa que solivianta a Confucio. Ver **música**. En: XI-24.

Poseía dos tercios de cuanto hay bajo el cielo (*san fen tian xia you qi er*): El poder del **rey Wen** se extendía a seis de las nueve provincias de la época, a pesar de lo cual siguió siendo vasallo de los ya decadentes **Yin**, que acabarían siendo derrocados por su propio hijo, el **rey Wu**. Todo el versículo VIII-20 es particularmente lacónico, lo que obliga desgraciadamente a interpolar para hacerlo más comprensible. En: VIII-20.

Prestamente (*qu*): ver **apresuraba el paso.**

Primer día de cada mes (*ji yue*): literalmente "luna de prosperidad". Según los comentarios más antiguos, celebración del primer día de cada mes lunar. Según otros comentarios, *ji* es una errata de *gao*, de grafía similar, en cuyo caso se trata de la ceremonia mencionada en III-17 (ver **a ti, te importa el cordero....**). En: X-6.

Príncipe Zhao de Song: ver **Sacerdote Tuo.**

Prosperar en un ducado desviado (*bang wu dao gu*): al igual que en

no llegue a ser bueno, *gu* ("cereal", "bueno", "próspero") también se puede interpretar, y así se suele hacer, como "paga de funcionario" (en cereales), que, con valor verbal, es "servir [en la corte de] un ducado desviado". Otra interpretación corriente de la contestación de Confucio es «[pensar en] el sueldo si en el ducado reina la vía, [pensar en] el sueldo si en el ducado no reina la vía; eso es deshonra», pero parece una formulación un tanto absurda, sobre todo comparando este versículo con VIII-13. En: XIV-1.

¿Puede un advenedizo servir a un señor? (*bi fu ke yu shi jun*): se suele interpretar «¿se puede servir al señor en compañía de un zafio?», teniendo en cuenta que *yu* significa, entre otras cosas, "con", "en compañía de". Sin embargo, también puede indicar "a" o "para", además de poder tratarse de una errata. En cualquier caso, la interpretación comúnmente aceptada no parece lógica según el resto del versículo, donde se habla de los defectos del *bi fu* y no de los inconvenientes de trabajar con él. "Advenedizo" es una traducción algo libre de *bi fu* ("rústico", "grosero", "vil", "vulgar"). En: XVII-15.

Purificación (*zhai*): antes de las ceremonias de ofrenda, era necesario "purificarse" mediante el ayuno o la abstinencia de ciertos alimentos y el retiro o "cambio de estancia" consistente en dejar de dormir en la misma habitación que la esposa o las concubinas. En: VII-12, X-7.

Púrupura (*zi*): ver **cárdeno**.

Qi: ducado que lindaba conflictivamente con **Lu**, la tierra de Confucio, en el actual Shandong. En Qi se encontraban establecidos los descendientes de la dinastía **Xia**. En el versículo VI-22: siendo Lu heredero de los civilizados **Zhou**, Qi haría bien en imitarlo. Pero, por otra parte, dado que Lu ha degenerado, haría bien en reformarse para reencaminarse en la **vía**. En: III-9, V-18, VI-3, VI-22, VII-13, XVI-12, XVIII-3, XVIII-4, XVIII-9.

Qidiao Kai: Discípulo de Confucio, de nombre público Zikai. En V-5.

Qiu: Ver **Ran You**.

Qiu (en XIV-34): nombre de Confucio. Ver **Maestro Kong**.

Qu Boyu: gran oficial de **Wei** en cuya casa se había alojado Confucio durante su estancia en ese ducado. En: XIV-26, XV-6.

Que el señor sea señor; el vasallo, vasallo; el padre, padre; y el hijo,

hijo (*jun jun, chen chen, fu fu, zi zi*): una de las frases más célebres de Confucio, acerca de la necesidad de **rectificar los nombres**, de formulación y significado similares a los de **una vasija aristada sin aristas.** Ver introducción y **rectificaría los nombres.** En: XII-11.

Ran Boniu: ver **Boniu.**

Ran Qiu: ver **Ran You.**

Ran Yong: ver **Yong.**

Ran You (522-? a. de C.): nombre público de **Ran Qiu**, discípulo de Confucio, también llamado Ziyou y **señor Ran.** En la época correspondiente a los versículos III-6, XI-16 y XVI-1, se encontraba al servicio del **señor Ji,** de ahí que Confucio intente hacerle impedir que su amo cometa el sacrilegio de ofrendar al **monte Tai.** En III-6, V-7, VI-3, VI-6, VI-10, VII-14, XI-2, XI-12, XI-16, XI-21, XI-23, XI-25, XIII-9, XIII-14, XIV-13, XVI-1.

Recortadas (*shai*): ver **falda [de ceremonia].**

Rectificaría los nombres (*zheng ming*): en este versículo queda patente esta idea fundamental y característica del pensamiento confuciano. La adecuación o inadecuación del nombre a lo nombrado influye directamente en el orden o el caos social. De lo inefable y de lo que se ignora, no se habla. Por lo demás, lo que se dice ha de corresponder a una realidad, ser objeto de crédito y generar confianza (ver **sinceridad**), condición indispensable para un buen gobierno. Los nombres definen y organizan, y son eficaces por cuanto la voluntad de adecuarse a ellos conduce al orden general. Ver también introducción, **una vasija aristada sin aristas...** y **que el soberano sea soberano.** En: XIII-3.

Repasando lo sabido, aprende de ello algo nuevo (*wen gu er zhi xin*): literalmente "recalentando lo [que se sabe de] antiguo...", una de las ideas recurrentes del pensamiento confuciano. Se puede relacionar, por ejemplo, con I-5 (**en lo sabido captas lo tácito**) o con XIX-5. En: II-11.

Respecto al bien, manténte insaciable; respecto al mal, manténte alerta (*jian shan ru bu yi jian bu shan ru tan tang*): literalmente «a la vista del bien, [compórtate] como [si lo persiguieras] sin conseguir darle alcance; a la vista de lo que no está bien, [compórtate con la cautela de quien] palpa el agua caliente [antes de meterse, por si quema]». En cuanto a la frase siguiente, he invertido por lógica el orden de lo visto y oído (originalmente "he visto gente así, he oído estas palabras"). En: XVI-11.

Rey (*wang*): etimológicamente, «el que comunica y participa del cielo, la tierra y el hombre» (el carácter está formado por tres líneas horizontales, el cielo, la tierra y el hombre, unidas en su centro por una vertical, el rey; o según otra interpretación, por un hombre grande cuyos pies reposan sobre la tierra y cuya cabeza toca el cielo): el **hijo del cielo**. Aquí, se refiere a un rey **santo**, como los **reyes de la antigüedad**. Ver introducción. En: XIII-12.

Rey Wen (*Wen wang*): padre del **rey Wu** y del **duque de Zhou**. Como su nombre póstumo indica (*wen* es "civilización", "elegancia", "ilustración", "cultura"), su reinado fue ejemplo de civilización. Ver también **Libro de las mutaciones** y **Shao**. En: VIII-20, IX-5, XIX-22.

Rey Wu (*Wu wang*): hijo del **rey Wen**. Venció a **Zhou Xin**, el último soberano de la decadente dinastía **Yin** (o Shang) y fundó, en 1121, la dinastía **Zhou**. Ver también **Libro de las mutaciones** y · **Shao**. En: VIII-20, XIX-22.

Reyes de la antigüedad: se refiere a los reyes **santos** de los tiempos mitológicos en que reinaba el orden celeste (ver **Vía**) y a los de las épocas históricas de gran civilización: **Yao**, **Shun**, **Yu**, **Tang**, **Wen** y **Wu**. Ver introducción. En: I-12.

Río abajo (*xia liu*): en su sentido figurado, es "degeneración", "decadencia", "vileza". **Río arriba**, naturalmente, es la nobleza, tanto en sentido propio como figurado. En el versículo XIX-20, "río abajo" se refiere a la corrupción final de los **Yin**. En: XVII-24, XIX-20.

Ritos (*li*): uno de los conceptos fundamentales del pensamiento confuciano. El carácter se compone del elemento "ofrendar" y el elemento "abundancia" y significaba, inicialmente, "favor del cielo", «ofrendar a los espíritus, al cielo o a la tierra para obtener prosperidad» (ver *Shuo wen jie zi*). En el *Lun yu* tiene un sentido más amplio que abarca, además de las ceremonias, todas las reglas y usos de la cortesía, del decoro y de la civilización en general, de la conveniencia y la **justicia** en particular. Su función se completa con la de la **música**. I-12, I-13, II-3, III-3, III-4, III-6, III-8, III-9, III-15, III-22, IV-13, VII-17, VIII-2, VIII-8, IX-3, IX-10, XI-25, XII-1, XII-15, XIII-3, XIII-4, XIV-44, XV-17, XV-33, XVI-2, XVI-5, XVII-11, XVII-21, XVII-24, XX-3.

Rosado (*hong*): ver **cárdeno**.

Ru Bei: personaje de **Lu** supuestamente enviado por el **duque Ai** para que aprendiera el ritual fúnebre. Lo que no se sabe es el porqué de la actitud ofensiva de Confucio. En: XVII-20.

Sabiduría (*zhi*): en general, se puede interpretar como el conocimiento del **mandato del cielo**, de la **vía**. Para alcanzarla, es indispensable la **humanidad**. En IV-1, IV-2, V-7, V-20, VI-20, VI-21, IX-28.

Sabiduría Suprema (*shang zhi*): se refiere a quien posee la sabiduría innata mencionada en XVI-9, o sea al **santo**, que, siendo perfecto, no es mejorable. En cuanto a los de abyecta estulticia, son las gentes inferiores del mismo versículo, que «no aprenden siquiera ante la dificultad», luego tampoco evolucionan. En: XVII-3.

Sabio (*zhi zhe*): ver **sabiduría**.

Sacerdote Tuo (*zhu tuo*): invocador del país de **Wei**, famoso por su facundia y su habilidad diplomática. El **príncipe Zhao**, del país de Song, era célebre por su fatal belleza. En VI-14, XIV-20.

Santo (*sheng ren*): de todas las categorías del hombre, la del *sheng ren* es la categoría suprema, superior a las del **humano** (*ren*), del **hidalgo** (*junzi*), del **hombre de bien** (*shan ren*), del excelente (*xian ren*), del hombre cumplido (*cheng ren*), de los grandes hombres (*da ren*), del **letrado** (*shi*). Es la categoría que abarca a todas las demás. Según el diccionario etimológico *Shuo wen*, el *sheng* es el que comunica y penetra todas las cosas, el que oye (el elemento semántico del carácter es la oreja) y entiende cuanto pecibe, el perfecto inteligente. Su sutileza le permite captar la naturaleza de todas las cosas. Posee la **virtud** del universo y la infunde a todos los seres sin distinción, puesto que es grande como el cielo y carece, por tanto, de parcialidad. Como indica Toshihiko Izutsu en *Sufismo y taoísmo*, el término bien podría estar relacionado con el chamanismo primitivo. Según decía Mengzi (Mencio) acerca de Confucio, «estudiar insaciablemente es sabiduría, enseñar sin fatiga es **humanidad**. Humanidad y sabiduría unidas son santidad». *Sheng* designa asimismo lo sagrado o divinizado: a los legendarios **reyes de la antigüedad**, **Yao** y **Shun**, a los budas y bodisatvas, a los santos de cualquier religión y, en ciertas épocas, al propio Confucio. En VI-28, VII-25, IX-6, XVI-8, XIX-12.

¿Se puede amar sin exhortar? (*ai zhi neng wu lao hu*): Al igual que en XIII-1, a causa de la diversidad de acepciones de *lao* ("afán", "trabajo penoso", "abrumar al pueblo con prestaciones e impuestos" pero también "confortar", "incitar", "exhortar"), la frase se presta a distintas interpretaciones, de las cuales la más corriente parece ser «¿se puede amar [a una persona] sin ser duro [con ella]?» o «se puede amar [al pueblo] sin abrumarlo [con prestaciones e impuestos]?». Sin embargo, teniendo en cuenta la personalidad que se adivina en Confucio, me inclino más bien por el sentido de "estimular", "alentar", "exhortar"; que además tiene la ventaja de hacer de las dos frases del versículo sentencias pareadas. Se sobreentiende que se trata de amar al pueblo y exhortarlo al trabajo, ser leal al señor y amonestarlo, si hace falta, con **justicia** y discernimiento. Ver también **da ejemplo, incita**. En: XIV-8.

Segunda categoría en la sabiduría (*zhi zhi ci*): la primera es la ciencia infusa mencionada en el versículo VII-19. Ver **sabiduría suprema**. En VII-27.

Sentado, [su postura] no era rigurosa (*ju bu rong*): *Ju* significa "sentarse", "sentado", pero también "morar", "en privado"; razón por la cual a menudo se traduce esta frase «en casa, no adopta un aire grave». Además, el último carácter, *rong* ("semblante", "solemne", "imponente", aquí "riguroso") es a menudo considerado como *ke* (huésped), de grafía parecida, dando como resultado «en casa no [se comportaba como un] invitado» o «en casa no gastaba formalidades». Sin embargo, teniendo en cuenta la primera parte del versículo, parece más concebible que se trate de una frase de valor equivalente o paralelo: Confucio acostado y Confucio sentado, en ambos casos distendido. En: X-16.

Sentarse de cara al sur (*nan mian*): el **hijo del cielo** (como en XV-4), los señores y los grandes oficiales, en los actos públicos, ocupaban el lugar de honor, de cara al sur. Igual orientación tenían sus palacios. La afirmación de Confucio en el versículo VI-1 reviste especial audacia para la época si se tiene en cuenta el hecho de que, como se deduce del versículo VI-4, **Ran Yong** era de extracción humilde. En VI-1, XV-4.

Señor Bo (*bo shi*): gran oficial del ducado de **Qi**, donde **Guan Zhong** era primer ministro. Se suele interpretar que el versículo siguiente (XIV-11) elogia su falta de rencor. En: XIV-10.

Señor Chen Wen (*chen wen zi*): nombre público de Chen Xuwu, ministro del duque Zhuang de **Qi**. En: V-18.

Señor Cui: Ministro del duque Zhuang de **Qi**, a quien asesinó en 548 a. de C. En V-18.

Señor de Wei (*wei jun*): se trata del duque Chu, nieto del **duque Ling** (ver **Más vale adular al espíritu del hogar...**). Su padre, el príncipe heredero, cayó en desgracia tras haber atentado contra la vida de la favorita **Nanzi,** y huyó a Jin. Al morir el duque Ling, Chu subió al trono, negándose a cederlo a su padre, cuando éste regresó de su exilio en Jin. Todo lo contrario de lo que hicieron los hermanos **Boyi** y **Shuqi**, quienes, tras haberse cedido mutuamente el trono, renunciaron a él. El hecho de que Confucio admire a **Boyi** y **Shuqi** implica, para **Zigong**, que encuentra reprobable la conducta del soberano de **Wei**. En: VII-14, XIII-3.

Señor Gongshu Wen (*gong shu wen zi*): Wen ("El Ilustrado" o "el Civilizado") es el nombre póstumo de Gongshu Zhi, un gran oficial de **Wei**. En: XIV-14, XIV-19.

Señor Ji (*ji shi*): jefe de la **casa Ji**. Según las épocas, puede tratarse de Ji Huan, Ji Kang u otros. En: III-1, III-6, VI-7, XI-23, XIII-2, XIV-38, XVI-1, XVIII-3.

Señor Ji Huan (*ji huan zi*): padre del **señor Ji Kang**. Gran oficial de **Lu** que se hizo con el poder durante la soberanía del **duque Ding** y los tres primeros años de la del **duque Ai**. En: XVIII-4.

Señor Ji Kang (*ji kang zi*): hijo del **señor Ji Huan** y jefe de la **casa Ji**. Tuvo el poder efectivo durante la soberanía del **duque Ai**, pese a tener, como ministro, categoría de gran oficial. En: II-20, VI-6, XI-6, XII-17, XII-18, XII-19, XIV-20.

Señor Ji Wen (*ji wen zi*, ?-568 a. de C.): gran oficial de **Lu**, de la **casa Ji**. En:V-19.

Señor Jing de Wei (*wei gong zi jing*): hijo del duque Xian de **Wei**. Por lo que parece, su virtud es el comedimiento, su falta de codicia y su moderada alegría al ver su fortuna crecer. Ver **justo medio**. En: XIII-8.

Señor Meng: ver **señor Meng Wu**.

Señor Meng Jing (*meng jing zi*): gran oficial de **Lu**, hijo del **señor Meng Wu**. VIII-4.

Señor Meng Wu (*meng wu bo*): primogénito de **Meng Yi** (ver nota siguiente). En II-6, V-7, XIX-19.

Señor Meng Yi (*meng Yi zi*): jefe de los Meng, una de las **Tres casas** dominantes en **Lu**. En II-5, XVIII-3.

Señor Meng Zhuang (*meng zhuang zi*): gran oficial de **Lu**, de la casa Meng. En: XIX-18.

Señor Min (*Min zi*): ver **Min Ziqian**.

Señor Ning Wu: (*Ning Wuzi*): nombre póstumo de Ning Yu. Literalmente, cuando el ducado y su gobierno se desviaban, Ning Wu "era idiota". Pero se suele interpretar que fingía idiotez o locura para no verse obligado a servir al usurpador. La inalcanzabilidad de su idiotez es, pues, la de su lealtad al señor derrocado. En: V-20.

Señor Ran: Ver **Ran You**.

Señorío de mil carros (*qian sheng zhi guo*): los *sheng* eran cuadrigas de guerra. La importancia de un ducado se medía por la cantidad de carros de guerra que poseía. En los turbulentos tiempos de Confucio, un país de mil carros ya no era una gran potencia, como se sugiere en XI-26. En: I-5, V-7, XI-25.

Serán asuntos privados (*qi shi ye*): dado que el **señor Ran** (o **Ran You**) estaba al servicio de la **casa Ji**, usurpadora del poder en **Lu**, Confucio considera que los "asuntos" de los que se ocupa su discípulo no pueden llamarse legítimamente "de estado". En: XIII-14.

Shang: ver **Zixia**.

Shao: nombre de las melodías del reinado de **Shun** (ver **reyes de la antigüedad**), a quien **Yao** cedió el trono por su mérito y su **virtud**. En cambio, el **rey Wu**, primer soberano de los **Zhou**, destronó a **Zhouxin**, rey de los **Yin**-Shang, por la fuerza. La música del primero es bella tanto por su armonía como por lo que la inspira; la de **Wu** lo es por su armonía y también por lo que evoca, ya que su acción fue **justa** y respondía al **mandato del cielo,** pero no es tan perfecta como la anterior. En III-25, VII-13, XV-10.

Shaolian: ver **Yuzhong**.

Shaonan: ver **Zhounan**.

Shen: ver **Maestro Zeng**.

Shen Cheng: podría tratarse de Shen Dang, discípulo de Confucio. En: V-10.

Shi: ver **Zizhang**.

Shi Shu: ver **Pi Chen**.

Shi Yu: gran oficial de **Wei**. En: XV-6.

Shun (según la tradición, 2255-2207 a. de C.): ministro, yerno y sucesor del emperador legendario **Yao**, quien lo eligió por su sabiduría y su **virtud**. Al igual que su antecesor, es un ejemplo de **humanidad**. Dividió "lo que hay bajo el cielo" en doce provincias e hizo que en ellas reinaran el orden y la armonía. Ver **rey, reyes de la antigüedad** y **santo**. En: VI-28, VIII-18, VIII-20, XII-22, XIV-45, XV-4, XX-1.

Shuqi: ver **Boyi**.

Shusun Wushu: gran oficial de **Lu**. En: XIX-23, XIX-24.

Si el agua es profunda, cruza vestido (*shen ze li*): ver *Libro de las odas*.

Si [realmente] pensara en ella... (*fu zhi si ye, fu he yuan zhi you*): se desconoce el origen de esta cita. Quizá proceda del *Libro de las odas* antes de su reordenación. Como en los versículos IV-6 y VII-29, alcanzar la meta es únicamente cuestión de voluntad. En: IX-30.

Si te confían un cargo, desempéñalo; si te rechazan, retírate (*yong zhi ze xing, she zhi ze cang*): la expresión abreviada *yong xing she cang* ha pasado a significar, en el lenguaje corriente, actuar o reservarse según lo exijan las circunstacias, sin forzar las situaciones. En VII-10.

Sima Niu: Niu o Ziniu es el nombre público de Sima Geng, discípulo de Confucio. Hay quien lo identifica con uno de los hermanos de **Huan Tui** (VII-22), en cuyo caso, Sima Niu, en el versículo XI-5, reniega de sus hermanos diciendo que no tiene. Esta identificación sigue siendo controvertida. En: XII-3, XII-4, XII-5.

Sin acción (*wu wei*): la expresión *wu wei* se conoce sobre todo en el contexto taoísta. El soberano ideal o **santo** gobierna sin intervenir ni ejercer presión alguna, por su propia **virtud**, que es la que le confiere el **mandato del cielo**. Transmite sus cualidades a sus súbditos haciendo que reine la armonía y la paz. De ser así el soberano, **las gentes acuden de los cuatro confines con sus hijos a la espalda**. Ver los versículos II-1, VIII-18, XIII-6 y XVII-19. Ver también introducción. En: XV-4.

Sin duda no es por su riqueza, sino por variar (*cheng bu yi fu, yi zhi yi yi*): ver *Libro de las odas*.

Notas

Sin experiencia (*wu wen*): se suele dar a la expresión la interpretación más corriente de "sin fama". Pero *wen* ("oír", "informar", "reputación") también es "experiencia", "conocimiento adquirido", "percepción", "aprender" (una vez más, como en **santo**, y en **buen oído**, la sapiencia y el discernimiento están relacionados con la acuidad auditiva). En: IX-22.

Sin ser digno de su nombre (*ming bu cheng*): se suele interpretar según otro de los sentidos de *cheng* (aquí "ser digno de", "conforme a", "corresponder"), el de "loar", "celebrar", en cuyo caso, la frase es "el **hidalgo** se aflige de dejar este mundo sin ser célebre", lo cual contradice el versículo inmediatamente anterior (XV-18) y otros muchos. No obstante, esta interpretación también tiene una justificación posible: el hidalgo ignorado es un hidalgo carente de capacidades. Por tanto, debe anteponer la adquisición de capacidades a la celebridad. Sin embargo, morir sin celebridad, luego sin capacidades, es lo que debe evitarse. Por otra parte, no tener ocasión de poner en práctica las capacidades (y de hacerse famoso) es prueba de que el país "está desviado", lo cual es también motivo de aflicción. En: XV-19

Sincero, sinceridad (*xin*): el carácter *xin* se compone de los elementos "persona" y "palabra": cumplir con la palabra dada, llevar a cabo lo que se pretende, mostrar **buena fe** en el trato con los demás, ser digno de la confianza del pueblo. Ese deseo de ajuste entre palabra y actos nos aproxima a otro importante concepto confuciano, el de la **rectificación de los nombres** (*zheng ming*). Un ejemplo de carencia de *xin* es **Zai Yu**, en el versículo V-9. En: I-4, I-5, I-7, I-8, I-13, II-22, VII-24, VIII-4, IX-24, XII-10, XIII-4, XIII-20, XV-5, XV-17, XVII-6, XVII-8, XX-1.

Son siete los que lo han hecho (*zuo zhe qi ren yi*): se suele interpretar en relación con el versículo anterior (XIV-39), y ciertos comentarios han propuesto dudosas listas de nombres posibles. En: XIV-40.

Song: señorío donde se habían establecido los descendientes de la dinastía **Yin**. En: III-9.

Su camisa de dormir tenía medio largo más que el torso (*bi you qin yi, chang yi shen you ban*): existen diversas interpretaciones. Algunos consideran que *qin yi* es el edredón. Otros, que el camisón o el edredón tiene un largo y medio más que el cuerpo (*shen*), lo cual no es imposible pero sí pintoresco. Si se considera que *shen* también significa "tronco" o "torso", la camisa en cuestión le llega por las rodillas. En: X-6.

Tablilla de jade (*gui*): el señor la entregaba a sus embajadores para acreditarlos en otras tierras. Era regla de cortesía inclinarse profundamente al recibir un don, manteniéndolo elevado, con ambas manos, y volver a erguirse sosteniendo el objeto a la altura del abdomen. En: X-5.

Tablilla de jade blanco (*bai gui*): se refiere al poema *yi* (III-III-2) del *Libro de las odas*. Acerca de la prudencia de **Nan Rong**, ver V-1. En: XI-5.

Taibo: primogénito del rey Tai de **Zhou** y tío del rey **Wen**. Según el *Shiji*, su padre decidió transmitir el trono no a Taibo, como correspondía, sino a su hermano menor, padre del futuro **rey Wen** cuya sabiduría y **virtud** presentía. Taibo no opuso resistencia alguna y se retiró al sudeste. La renuncia a la soberanía a favor de un hombre de mayor talento y sabiduría es, para Confucio, una muestra sublime de virtud, y más aún cuando es discreta. En VIII-1.

Tang: o Cheng Tang, uno de los santos **reyes de la antigüedad**, fundador de la dinastía Shang en el siglo XVIII a. de C., posteriormente llamada **Yin**. En: XII-22, XX-1.

Templo mayor (*tai miao*): el templo ancestral dedicado al Gran Antepasado o fundador de la dinastía; en el caso de Lu, al **duque de Zhou**. En III-15, X-14.

Ternero de una res de labranza (*li niu zhi zi*): también se puede traducir "ternero de una res pinta". Para las ofrendas no se utilizaban más que toros de pelaje rojizo, uniforme y sin mácula, y cornamenta perfecta. Los "defectuosos", se reservaban para la labranza. Se trata, una vez más, del discípulo **Yong (Zhonggong)**. Su humilde extracción hacía que no fuera considerado digno de un cargo de importancia. Confucio, sin embargo, opina que lo esencial es la sabiduría y la virtud, independientemente de la posición social. En: VI-4.

Terraza de la Danza de la Lluvia (*wu yu*): lugar destinado a los ritos para pedir al cielo la lluvia. La expresión ha pasado a referirse al disfrute de la sabiduría y de la **vía** sin ambicionar prestigio ni riqueza. En: XI-25, XII-21.

Notas

Tiro al arco (*she*): una de las seis **artes** (ver **estudiar**) cultivadas por el **hidalgo**. Se trataba de un tiro al arco ritual en el que lo importante era dar en el blanco, aunque fuera rozándolo, como muestra de temple y habilidad; no atravesar la diana, que era una mera cuestión de fuerza física. En III-7, III-16, IX-2.

Tocado de los Zhou (*zhou zhi mian*): ver **calendario de los Xia**.

Tocado negro (*xuan guan*): Ver **pieles de cordero**.

Tras mi regreso de Wei a Lu (*wu zi wei fan lu*): cinco años antes de su muerte. Según este versículo, Confucio se ocupó de la recopilación y organización del *Libro de las odas*, a menos que se tratara de las partituras o del desaparecido *Libro de la música*. En IX-14.

Tres años: ver **últimos deberes**.

Tres casas (*san jia*): se trata de los Ji, los Meng y los Shu; descendientes de tres hijos del duque Huan de **Lu** (ver **descendientes de los tres Huan**), hermanos menores del duque Zhuang. El mayor (*meng*) de los tres dio nombre a la casa Meng; el mediano (*shu*, literalmente, "el tercero"), a la casa Shu; y el último (*ji*), a la **casa Ji**. Ésta usurpó el poder en **Lu**, cuyo **duque Zhao** huyó a Jin (actual Shanxi), donde murió. Ver también **señor Ji, señor Meng Yi** y **Chen el Cumplido asesinó al duque Jian**. En III-2, XIV-22.

Tres dinastías (*san dai*): se refiere a los **Xia**, los Shang-**Yin** y los **Zhou**. La última frase del versículo aparentemente incompleto resulta oscura, y nadie ha conseguido explicarla satisfactoriamente. En: XV-24.

Tres señores: ver **tres casas**.

Tres veces: se podría traducir "varias veces", ya que el número tres posee también el sentido de "múltiple". La frecuente traducción "en tres puntos", aunque adecuada al contexto, es, según los comentadores chinos, gramaticalmente imposible, ya que implicaría una construcción distinta. En: I-4.

Últimos deberes: la muerte de los padres implicaba, según mandaban los **ritos**, un período de duelo de **tres años** durante los cuales los hijos debían llevar las sobrias ropas de luto, retirarse de la actividad pública, abstenerse de ciertos alimentos e instalarse en unos aposentos que no fueran los habituales, además de realizar ofrendas a sus espíritus y a los de sus antepasados. En el versículo I-9, la idea es que, si se cultivan los ritos y se cumplen escrupulosamente con los deberes que impone la **piedad filial,** la **virtud** de ésta influirá en el gobierno, el país regresará a la **vía,** y el pueblo recobrará su prosperidad y su eficacia. Ver también introducción y **cumpliendo sus deberes.** En: I-9, II-24, IV-20, XIV-43, XVII-21, XIX-18.

Un aldeano me hizo una pregunta (*you bi fu wen yu wo*): la oscuridad de este versículo ha provocado interpretaciones variopintas, en las que, por ejemplo, *kong kong ru ye* ("vacío, ignorante", "en blanco") se aplica al aldeano, dando como resultado «cuando un aldeano me hace una pregunta, [aunque el hombre] sea un ignorante, examino la cuestión...». En: IX-7.

Un año ya es mucho tiempo (*qi yi jiu yi*): dado que no se indica dónde empieza Zai Wo a hablar; que *qi,* además de significar "un año", puede tener el sentido de "período"; y que *yi,* además de significar "ya", puede tener el sentido de "demasiado", hay quien traduce «Zai Wo preguntó: "tres años de luto es demasiado tiempo..."». En: XVII-21.

Una vasija aristada sin aristas (*gu bu gu*): se trata de una antigua vasija para vino que, según las fuentes, era cuadrangular u octogonal. Al parecer, en época de Confucio, se había simplificado la forma de la vasija en cuestión, haciéndola circular. El Maestro se refiere, con esta lacónica frase (literalmente, "¡Vasija aristada no aristada! ¡Vasija aristada! ¡Vasija aristada!") a la necesidad de "rectificar los nombres" (*zheng ming*) para que cada cual vuelva a ser lo que su nombre indica, y no lo que su nombre usurpa. Ver **que el señor sea señor... y rectificaría los nombres.** En VI-23

Ved mis pies, ved mis manos (*qi yu zu, qi yu shou*): el **Maestro Zeng,** agonizante, muestra a sus propios discípulos los pies y las manos para que vean que, pese a los peligros que entraña esta vida y gracias a su prudencia y moderación, va a morir entero, tal como sus padres lo trajeron al mundo, como manda la **piedad filial.** En VIII-3.

Vía (*dao*): la palabra china significa, etimológicamente, "camino", "senda", etc. En su sentido derivado, es el concepto que daría nombre al taoísmo. En el *Lun yu,* se trata de la vía del cielo, del orden cósmico al que, idealmente, hay que conformarse para que el mundo siga su buen curso. La heredaron los **reyes de la antigüedad,** con el **mandato del cielo,** y éstos hicieron reinar en el mundo, el equilibrio y la armonía. También existe una vía personal, la que cultiva el *jun zi* para, a través de su propio perfeccionamiento, contribuir a reencaminar el mundo en el *dao* celeste. Finalmente, también existen **vías menores** veredas y vericuetos, que vale más no practicar porque pueden alejar definitivamente de la vía principal. En: I-2, I-11, I-14, III-16, III-24, IV-5, IV-8, IV-9, IV-15, IV-20, VI-10, VI-15, VI-18, VII-6, VIII-9, IX-10, IX-29, XIII-25, XIV-1, XIV-4, XIV-20, XIV-30, XIV-38, XV-2, XV-6, XV-24, XV-28, XV-31, XVI-2, XVI-11, XVIII-6, XVIII-7, XIX-2, XIX-7, XIX-22, XIX-12.

Vías menores (*xiao dao*): la expresión se refiere tanto a los senderos y atajos como a los oficios, técnicas y especializaciones como la agricultura, la medicina, la adivinación, la geomancia, etc. Quien tiene elevadas aspiraciones permanece en la **vía** principal, no se encamina por las vías menores, donde corre el peligro de verse obstaculizado en su consecución. Ver **hidalgo** e **instrumental**. En: XIX-6.

Villano, villanía (*xiao ren*): al igual que **hidalgo**, en el *Lun yu*, la palabra tiene, en la mayoría de los casos, un sentido moral, no social. En II-14, IV-11, IV-16, VI-11, VII-36, XII-16, XII-19, XIII-23, XIII-25, XIII-26, XIV-24, XV-1, XV-20, XVI-8, XVII-12, XVII-23, XVII-25, XIX-8.

Virtud (*de*): Entiéndase en el sentido de energía, influencia, eficacia, carisma; no de fuerza física o activa: *li* (ver **corcel brioso**). La palabra también contiene un sentido de elevación moral (el carácter *de*, inicialmente, significaba "elevarse"): la virtud de alguien elevado (por excelencia, la del **santo**) se irradia y se difunde espontáneamente en los demás. "Ejerce" **sin acción**, por así decirlo, su fuerza centrípeta y contagiosa en los seres, como la Estrella Polar del versículo II-1, y los reencamina en la **vía**. En: I-9, II-1, II-3, IV-11, IV-25, VI-27, VII-3, VII-6, VII-22, VIII-1, VIII-20, IX-17, XII-10, XII-21, XIII-22, XIV-5, XIV-6, XIV-35, XV-12, XV-26, XVI-1, XVII-13, XVIII-5, XIX-2, XIX-11.

Wangsun Jia: ministro del **duque Ling** de **Wei**, señorío vecino de **Lu**, adonde Confucio había ido para tratar de ponerse al servicio de la casa ducal. Ver también **campana**. En III-13, XIV-20.

Wei: ducado vecino de **Lu** y de **Qi**. Ver **Lu y Wei**. En:XIII-7, X-1, XIV-42, XIX-22.

Weisheng Gao: modelo de rectitud, a menudo identificado con el Weisheng Gao que aparece en el *Zhuang zi* y en el *Zhan guo ce* (aunque con una grafía distinta para el primer carácter de su apellido, Wei), donde se cuenta que un día en que tenía una cita bajo un puente con una joven, al no acudir ésta, esperó tanto tiempo sin moverse del lugar que las aguas del río crecieron, y él murió ahogado. Dado que la palabra *zhi* ("recto", "rectitud") también significa "sin circunloquios"; es de suponer que, en este versículo, Confucio le reprocha su falta de llaneza al no confesar abiertamente que no tiene vinagre. En: V-23.

Weisheng Mu: nada se sabe de este personaje, si bien la familiaridad con que trata a Confucio llamándolo por su nombre privado (ver nota 10 de la introducción), **Qiu,** hace suponer que se trata de un anciano bastante mayor que el Maestro, quizá un "extravagante" o "cínico" (ver **Jieyu**) que, como los de los versículos XIV-41-42 y XVIII-5-6, le reprocha que se afane inútilmente en cambiar el mundo. Muchos interpretan que la "contumacia" a que se refiere Confucio es la de los señores y grandes personajes inasequibles a sus consejos. En: XIV-34.

Wen: río de la actual provincia de Shandong que marcaba la frontera entre **Lu** y **Qi**. **Min Ziqian** amenaza con exiliarse a Qi para no tener que ponerse al servicio de un usurpador. En VI-7.

Wu (música de): Ver **Shao**.

Wucheng: villa donde **Ziyou** era entonces gobernador. En: XVI-4.

Wuma Qi: Ziqi o Qi es el nombre público de Wuma Shi, discípulo de Confucio. En VII-30.

Xia: dinastía semilegendaria (2205-1766 a. de C. ó 1989-1558 a. de C.) fundada por **Yu el Grande**. Sus descendientes, en época de Confucio, se hallaban establecidos en **Qi** (actual Hunan). En: II-23, III-9, XV-10.

Xian: ver **Yuan Si**.

Ya que son tantos, ¿qué más queda por hacer? (*ji shu yi, you he jia yan*): ver **las gentes acuden...**

Yan: ver **Ziyou**.

Yan Hui: ver **Hui**.

Yan Pingzhong (?-500 a. de C.): nombre póstumo de Yan Ying o Yanzi, célebre primer ministro de **Qi**. La ausencia de sujeto en la segunda frase hace que pueda interpretarse también: «Cuanto más tiempo duraban [sus relaciones], más respetaba [a sus amigos]». En V-16.

Yan Yuan: ver **Hui.**

Yang Fu: según los comentarios antiguos, era discípulo del **Maestro Zeng.** En:XIX-19.

Yang Huo: intendente de la **casa Ji.** El poder de los grandes oficiales había pasado a los vasallos, como lamenta Confucio en XVI-2, y Yang Huo (con quien los habitantes de Kuang habían confundido al Maestro en IX-5 Y XI-22, ver **acorralado en Kuang**) había acaparado la autoridad de los Ji, razón por la cual Confucio se niega a verlo. Al regalarle el cochinillo, Yang Huo obliga a Confucio a hacerle una visita de agradecimiento. Pese a la ambigua y evasiva respuesta final, Confucio nunca se puso a su servicio. En: XVI-1.

Yao (según la tradición, 2357-2258 a. de C.): **rey** de la época legendaria, encarnación por excelencia de la **humanidad** y la **virtud** cósmica. Transmitió al pueblo el calendario y la astronomía. Casó sus dos hijas con **Shun,** a quien, por sus excepcionales cualidades, convertiría en su sucesor. En: Vi-28, VIII-19, VIII-20, XIV-45, XX-1.

Yao dijo (*yao yue*): la primera parte de este versículo está formada por fragmentos inconexos inspirados en el *Libro de los documentos.* A partir de «Prestó atención a los pesos y medidas», se atribuye tradicionalmente a Confucio. En: XX-1.

Yi: hay tres arqueros mitológicos con ese nombre, quizá el más célebre sea el de la época de **Yao.** Por orden de éste, mató a nueve de los diez soles que salieron al mismo tiempo y, nunca mejor dicho, asolaron la tierra. De **Ao,** otro personaje mitológico, se dice que obtuvo una gran victoria naval, según algunas controvertidas interpretaciones, empujando sus barcos por tierra. En cualquier caso, dos hombres habilidosos por su fuerza física y activa (*li*), a diferencia de **Yu** y **Ji,** cuyos logros se deben a su fuerza moral e inactiva o **virtud** (ver también **sin acción**). En: XIV-6.

Yi Yin: ver **Gao Yao.**

Yin: segundo nombre de la dinastía Shang (1766-1122 a. de C., según la cronología tradicional), fundada por Cheng **Tang** y derrocada, en su decadencia, por el **rey Wu,** que fundó la dinastía **Zhou.** En tiempos de Confucio, los descendientes de los Yin se encontraban establecidos en **Song** (actual Hunan). En: II-23, III-9, III-21, VIII-20, XV-10, XVIII-1.

Yo, [en cambio,] no he podido tratarlo como a un hijo (*yu bu de shi you zi ye*): sobreentendido, «no he podido darle el sencillo funeral que di a mi propio hijo y que es el que corresponde a la humilde condición de Hui, en lugar de toda esta pompa». En: XI-10.

Yong (oda): ver **Libro de las Odas**.

Yong: nombre de **Ran Yong**, de nombre público **Zhonggong**. Discípulo de Confucio, de origen humilde, pero dotado de cualidades que el Maestro juzga dignas de un señor. En: V-4, VI-1, VI-4, XI-2, XII-2, XIII-2.

You (542-480 a. de C.): nombre de **Zhong You**, de nombre público **Zilu** o **Ji Lu**, discípulo de Confucio. Al igual que **Ran You**, estuvo al servicio de la **casa Ji**. Como se ve en casi todas sus intervenciones, su impetuosidad le vale más de un rapapolvo cariñoso por parte del Maestro. En: II-17, V-6, V-7, V-13, V-25, VI-26, VII-10, VII-18, VII-34, IX-11, IX-26, X-18, XI-2, XI-11, XI-12, XI-14, XI-17, XI-21, XI-24, XI-25, XII-12, XIII-1, XIII-3, XIII-28, XIV-13, XIV-17, XIV-23, XIV-38, XIV-41, XIV-45, XV-1, XV-3, XVI-1, XVII-5, XVII-7, XVII-8, XVII-23, XVIII-6, XVIII-7.

You Ruo: ver **Maestro You**.

Yu (según la tradición, 2207-2198 a. de C.): uno de los míticos **reyes de la antigüedad**. Sucesor de **Shun**. Midió la tierra, domeñó las aguas que inundaban el territorio favoreciendo la agricultura, estableció mapas, creó las nueve provincias, nombró montañas y ríos, construyó canales y presas, y fundó la dinastía **Xia**. Ver también **santo**. En: VIII-18, VIII-21, XIV-6, XX-I.

Yuan Rang: supuesto amigo de Confucio. En: XIV-46.

Yuan Si: nombre público de Yuan **Xian**, discípulo de Confucio, también llamado Zisi. VI-3, XIV-1.

Yuzhong: personaje desconocido (aunque hay quien piensa que se trata de un hermano de **Taibo**), así como **Yiyi**, **Zhuzhang** y **Shaolian**. En: XVIII-8.

Zai Wo: se trata de **Zai Yu**, de nombre público Ziwo, discípulo de Confucio. Desafortunado en sus intervenciones, se lleva todas las regañinas del Maestro. En: III-21, V-9, VI-24, XI-2, XVII-21.

Zai Yu: Ver **Zai Wo**.

Notas

Zang Wenzhong (?-617 a. de C.): nombre público de Zangsun Chen, gran oficial de **Lu**. La tortuga era símbolo de longevidad y, además representaba el mundo (la tierra cuadrada y plana, cubierta por la bóveda celeste), razón por la cual era venerada; su carapazón era utilizado para la adivinación. Cuanto más grande fuera el animal, mayor era su eficacia, de ahí que Zang Wenzhong la criara con tanto cuidado. En V-17, XV-13.

Zang Wuzhong: gran oficial de **Lu**, nieto de **Zang Wenzhong**. Célebre por su clarividencia. El **Zhuangzi** del versículo XIV-13 es un personaje famoso por su intrepidez (no confundir con el filósofo del siglo IV a. de C.). En: XIV-13, XIV-15.

Zeng Xi: nombre público de Zeng **Dian**, padre de Zeng **Shen** o **Maestro Zeng**. En: XI-25.

Zheng: ducado vecino y nombre de las melodías correspondientes a los textos de la séptima parte del libro *guo feng* del *Libro de las odas*. La música de Zheng era, al parecer, más vehemente o frívola que las otras, por lo que Confucio la considera "engañosa", igual que los aduladores, las lenguas mordaces y el color púrpura. En: XV-10, XVII-18.

Zhonggong: ver **Yong**.

Zhongni: nombre público de Confucio. Ver **Maestro Kong**. En: XIX-22, XIX-23, XIX-24, XIX-25.

Zhongshu Yu: ver **Kong Yu**.

Zhong You: ver **You**.

Zhou (1121-222 a. de C.): dinastía que derrocó y sucedió a los **Yin**. Confucio habla con veneración de su antepasado, el **rey Wen**; y de su fundador, el **rey Wu**, por la grandeza de su civilización. La primera época de los Zhou es el símbolo de la perfección en los **ritos** por excelencia (ver introducción). En II-23, III-14, VIII-20, XV-10, XVIII-11.

Zhounan: con **Shaonan**, los dos primeros capítulos de la primera parte (*guofeng*) del *Libro de las odas*. En: XVII-10.

Zhou Ren: historiador de la antigüedad. En: XVI-1.

Zhou Xin: ver **el señor de Wei se alejó de Zhou Xin**. En: XIX-20.

Zhuangzi: ver **Zang Wuzhong**.

Zhuanyu: feudo vasallo de **Lu**, próximo a Bi, una plaza fuerte del **señor Ji**. Los primeros reyes **Zhou** dieron a Zhuanyu derecho a ofrendar en el monte Dongmeng, otorgándoles así su feudalidad. En: XVI-1.

Zhuzheng: ver **Yuzhong**.

Zichan (?-522 a. de C.): nombre público de Gongsun Qiao, nieto del duque Mu de **Zheng** y admirado primer ministro. En: V-15, XIV-9, XIV-10.

Zifu Jingbo: gran oficial de **Lu**. En: XIV-38, XIX-23.

Zigao: ver **Chai**.

Zigong (520-? a. de C.): nombre público de Duanmu Ci, discípulo de Confucio. En: I-10, I-15, II-13, III-17, VI-28, IX-6, IX-12, XI-2, XI-12, XI-15, XI-18, XII-7, XII-8, XII-22, XII-23, XIII-20, XIII-24, XIV-18, XIV-30, XIV-31, XV-2, XV-9, XV-23, XVII-19, XVII-24, XIX-20, XIX-21, XIX-22, XIX-23, XIX-24, XIX-25.

Zihua: ver **Chi**.

Zijian (521-? a. de C.): nombre público de Fu Buqi. Discípulo de Confucio. En: V-2.

Zilu: Ver **You**.

Ziqin: nombre público de **Chen Kang**. Se supone que no fue discípulo de Confucio, aunque aparece tres veces en el *Lun yu*. En: I-10, XVI-13, XIX-25.

Zisang Bozi: personaje de cierta categoría social, posiblemente un gran oficial de **Lu**, del que nada se sabe. VI-1.

Ziwen: nombre público de Dougou Wutu, primer ministro de Chu en el siglo VII a. de C. En: V-18.

Zixi: en esa época había tres personajes con este nombre. Uno, del ducado de Zheng, primo y antecesor de **Zichan** como primer ministro. Los otros dos, del ducado de Chu. Uno de ellos, asesinado en 479 a. de C., rechazó a Confucio. Quizá se refiera a éste. En: XIV-10.

Zixia (507-? a. de C.): nombre público de Bu **Shang**, discípulo de Confucio. I-7, II-8, III-8, XI-2, XI-15, XII-5, XII-22, XIII-17, XIX-3, XIX-4, XIX-6, XIX-7, XIX-8, XIX-9, XIX-10, XIX-11, XIX-12, XIX-13.

Ziyou: nombre público de Yan **Yan**, discípulo de Confucio. En: II-7, VI-12, XI-2, XVII-4, XIX-12, XIX-14, XIX-15.

Ziyu: ver **Pi chen**.

Zizhang (503 a. de C.-?): nombre público de Zhuansun Shi, discípulo de Confucio. En: II-18, II-23, V-18, XI-15, XI-17, XI-19, XII-6, XII-10, XII-13, XII-20, XIV-43, XV-5, XV-41, XVII-6, XVIII-1, XVIII-2, XVIII-3, XVIII-15, XVIII-16, XX-2.

Zuo Qiuming (o Zuoqiu Ming): historiador de **Lu** a quien se atribuye tradicional y dudosamente la compilación del *Zuo zhuan*, comentario del *Chun qiu* ("Primaveras y otoños de Lu", ver introducción). En: V-24.

Zurrador (*zhi pian*): Yang Bojun indica que, según los *Ritos de los Zhou*, podía tratarse de dos tipos de "tenedor de látigo": (1) uno de los que precedían a las comitivas de soberanos o señores haciendo restallar el látigo para que los viandantes abrieran paso; (2) uno de los cerberos que se apostaban a la entrada de los mercados para mantener el orden. También hay quien interpreta *zhi pian* como "lacayo" o "palafrenero". En VII-11.

BIBLIOGRAFÍA

Confucio y el Lun yu:

Cheng, Anne: *Entretiens de Confucius*. París, Le Seuil, 1981.
Couvreur, Séraphin: *Les quatre livres*. Cathasia, París, 1949.
Étiemble: *Confucius*, Gallimard. París, 1986.
Fingarette, Herbert: *Confucius - The secular as sacred*. Harper & Row, New York, 1972.
Hall, David L. y Ames, Roger T.: *Thinking through Confucius*. State University of New York (SUNY), Albany, 1987.
He, Yan: *Lun yu ji jie*. Xinxing shuju, Taibei, 1964.
Kuang, Yaming: *Kong zi ping zhuan*. Qilu shushe, Jinan, 1985.
Legge, James: *The chinese classics* (vol.1). Southern Materials Center, Taibei, 1991
Lévy, André: *Les entretiens de Confucius et ses disciples*. Flammarion, París, 1994.
Pérez Arroyo, Joaquín: *Los cuatro libros*. Alfaguara, Madrid 1982.
Qian, Mu: *Lun yu xin jie, 2 vols. New Asia Reseach Institute, Hong Kong, 1963*.
—. *Lun yu yao lüe*. Taiwan shangwu, Taibei, 1965.
Ryckmans, Pierre: *Les entretiens de Confucius*. Gallimard, París, 1987.
Waley, Arthur: *The analects of Confucius*. George Allen & Unwin, Londres, 1938.
Yang, Bojun: *Lun yu yi zhu*. Zhonghua shuju, Beijing, 1980.
Zhu, Xi: *Si shu ji zhu*. Yuelu shushe, Changsha, 1985.

Otros libros de referencia:

Couvreur, Séraphin: *Les annales de la Chine*. Cathasia, París, 1950.

Chavannes, Édouard: *Les mémoires historiques de Se-ma Ts'ien*. 6 vols. Adrien-Maisonneuve, París, 1967.

Duan, Yucai: *Shuo wen jie zi zhu*. Shanghai guji, Shanghai, 1981.

Feng, Youlan: *Zhong guo zhe xue jian shi*. Beijing daxue, Beijing, 1985.

Gernet, Jacques: *Le monde chinois*. 2e édition revue et augmentée, Armand Colin, París, 1972.

Granet, Marcel: *La pensée chinoise*. Albin Michel, París, 1968.

—. *La féodalité chinoise*. Imago, París, 1981.

—. *Danses et légendes de la Chine ancienne*. 2 vols., Éditions d'Aujourd'hui, París, 1982.

Izutsu, Toshihiko: *Sufismo y taoísmo*.2 vols. Siruela, Madrid, 1997.

Larre, Claude: *Les chinois*. Lidis, País, 1981-1982.

Kaltenmark, Max: *La philosophie chinoise*. PUF, París, 1980

Maspéro, Henri: *Le taoïsme et les religions chinoises*. Gallimard, París, 1971.

Mathieu, Rémi: *Anthologie des mythes et légendes de la Chine ancienne*. Gallimard, París, 1989.

Philastre, Paul-Louis-Félix: *Le Yi king*. Zulma, Cadeilhan, 1992.

Ren, Jiyu: *Zhong guo zhe xue fa zhan shi*. Renmin, Beijing, 1983.

Shen, Yucheng: *Zuo zhuan yi wen*. Zhonghua shuju, Beijing, 1981.

Sima Qian: *Shi ji*, di er ban, Zhonghua shuju. Beijing, 1982.

Zhu, Minche., Zhao, Jun., Liu Chengde, etc.: *Shi jing yi zhu*. Gansu renmin, Lanzhou, 1984.

SUMARIO